English version begins on page 107.

Independently Published
Amazon/Kindle
ISBN: 9798392839827

Marianne Naef von Spiegelberg

Copyright 2023
All Rights Reserved

Holt Publishing, USA
holtpublishing4u@gmail.com

freddavid009@yahoo.com

Dédicaces et Remerciements

C'est à mon fils Frédéric que je dédie ce livre, en reconnaissance de tous ses efforts et attentions envers moi.

Je remercie Mme Lysiane Bashford pour avoir édité ce livre

Je suis aussi reconnaissante à Mme Vickie Holt pour ses efforts en vue de la publication de ce livre.

Marianne Naef von Spiegelberg

Corée

CET ORIENT QUE J'AI CONNU

Chapitre 1

Nous avons vu tant de choses Dante, sous tant de latitudes, de climats, d'idéologies, vu tant de façons de vivre que mon récit sera certainement lacunaire. Tu aurais dit les choses autrement, mais j'essaie de rendre au mieux les multiples impressions que le temps n'a pas effacées.

Je revois dans ta vallée ce car qui suivait une route sinueuse entre des montagnes trop proches et à chaque contour, j'espérais que la nature s'ouvrirait, qu'on déboucherait sur un haut-plateau, laissant derrière soi les villages si pauvres, encaissés, où l'on ne devait voir le soleil que quelques heures par jour. De temps à autres, le car s'arrêtait entre les maisons d'un hameau, laissait descendre une paysanne à la grosse jupe de laine, son panier au bras, chargeait un ou deux ouvriers dont la fumée de tabac noir empestait la cabine, et repartait dans le grondement du moteur. Elle est longue, cette vallée. Allait-elle s'élargir enfin? Et le car grimpait, l'air devenait plus frais, presque froid en cette fin d'été. Vivre là?
- Achète-toi une de ces jupes noires, me dit Georges, mon frère, qui m'accompagnait. C'est la mode, par ici.
J'ai ri, cherchai à chasser un fond d'inquiétude sans y parvenir tout à fait. Et je comparais ces maisons pauvres avec la villa de nos parents, Beau-Chêne, cette belle propriété avec son perron; la lourde porte de chêne, le hall d'entrée donnant accès à la bibliothèque et au bureau de mon père; à côté, le grand salon aux meubles Empire, le piano à queue; la véranda et la porte vitrée ouvrant sur le jardin; la salle à manger pouvant accueillir une douzaine de convives; la cuisine où s'affairait Tante Anne, la sœur de mon père, qui, depuis le décès de son mari vivait chez nous, préparait les repas et les préparait bien; et au-dessus les chambres de mes frères, Georges et Paul, celles de visites, de personnel; des salles de bain et des balcons à chaque étage. La route que nous suivions était un peu déprimante, mais me sachant jolie, belle disaient certains, je n'allais pas, vingt-et-un an, broyer du noir. Et avec Dante, grand, bien bâti, avec, à vingt-cinq ans, un visage de jeune premier, je savais que nous formions un très beau couple. Or ses lettres, bourrées de sincérité et de fautes d'orthographe, au style direct, rude comme lui, ne me révélaient pas un bagage bien solide.

Nous nous étions rencontrés en Espagne, dans cet hôtel du bord de mer au sud de Barcelone, dans ce qui, en cet été 1959, n'était encore qu'un très petit village de pêcheurs, Calafell, avec deux hôtels neufs et une longue plage de sable, très belle. Mes parents y avaient réservé des chambres pour eux-mêmes, mes deux frères, et moi.

Dès l'entrée dans le hall de l'hôtel, je l'ai vu, ce bel homme, chef de réception, qui accueillait les hôtes avec la juste déférence et j'ai su qu'il serait mon mari.

Chaque matin, je passais devant la réception, me rendant vers la plage et je sentais son regard qui me suivait. Mais allait-il me contacter, enfin? J'étais un peu surprise de cette hésitation, jusqu'au jour où ce premier contact eut lieu, je ne sais plus comment. Dès lors, nous nous voyions tous les jours, à l'insu de mes parents. Cet après-midi-là, nous nous tenions sur une terrasse de l'hôtel, mais en un coin discret.

- Tu as fait l'École Hôtelière de Lausanne? lui demandai-je.
- Oui; quatre ans.
- Et tu as le diplôme, David?
- Dante. Bien sûr que j'ai le diplôme.

Voilà qui ouvrait de nouvelles perspectives. Il n'avait pas l'air de s'en rendre compte. Et pourquoi ajoutait-il toujours son nom à son prénom?

Nous nous voyions si fréquemment, il est étonnant que mes parents ne se soient aperçus de rien. Plus tard cependant, vers la fin du séjour, ils se rendirent compte qu'il y avait de la sympathie entre ce Monsieur Dante et leur fille.

Or j'appris bientôt que Dante était le prénom, et David le nom de famille, et non l'inverse. Ainsi, le cas échéant, je serais Madame David. Cela m'avait un peu déçue. Mon père, comme moi-même au début, avait aussi fait l'inversion, et il l'appelait Monsieur Dante.

Je restai à Calafell une semaine de plus que ma famille, donnai un coup de main à la réception et Monsieur Alorda, le propriétaire, était ravi de cette aide qui ne lui coûtait rien sinon quelques repas. Je me chargeai de la correspondance, en quatre langues, parfois du téléphone, sous les instructions de Dante, un chef exigeant, voire dur, sans trop d'égards. Puis je rejoignis mes parents et mes frères à l'Hôtel Ritz de Barcelone, avec un peu le sentiment de passer d'un monde à un autre.

Au cours des saisons suivantes, nous maintînmes le contact, Dante et moi, par correspondance, et l'été suivant, je retournai à Calafell au volant de ma Topolino. Dante était chef de réception et je travaillais, moi, comme secrétaire, tapant le courrier en français, en allemand, en anglais et en espagnol. Jaime Alorda, le propriétaire, était trop content de nous avoir. L'après-midi, aux heures de liberté, nous filions à Sitges, la petite ville voisine, commandions un « bocadillo »: une grosse tranche de pain bis imbibée d'huile d'olive et recouverte de tranches de tomate. La nuit, Dante me rejoignait dans ma chambre, me quittant au petit matin. Il fallait tout de même respecter les apparences.

C'était une période heureuse, d'insouciance, de liberté et de promesses d'avenir.

À la fin de la saison, l'hôtel fermant ses portes, Dante et moi revînmes vers le nord par le chemin des écoliers, traversant l'Espagne vers l'ouest, puis remontant au nord à travers la France. Comme notre liaison durait, semblait sérieuse, mes parents se rendirent à Gressoney, le village de Dante en Vallée d'Aoste, et firent la connaissance de ses parents, de ses frères et de sa sœur. S'ils avaient espéré pour moi, peut-être, des relations plus prestigieuses, ils ne le montrèrent pas; mais il est vrai que si la famille était modeste, il y avait chez eux une assurance, du caractère sans présomption, qui suscitait du plaisir et rendait d'emblée la relation aisée, sympathique. Maman avait trouvé Mercedes, la sœur de Dante, charmante.

Il y eut une fête de fiançailles à Beau-Chêne, et Dante, comme si souvent, sûr de lui, l'humour facile, fit une excellente impression.

Nous nous sommes mariés en novembre, par une belle journée d'automne et j'étais bien jolie dans ma longue robe blanche.

- Je n'aurais pas cru, me dit Georges. C'était un flirt de vacances.

J'ai ri.

Le mariage civil avait eu lieu à la Mairie des Eaux-Vives à Genève, et je me demandais si le mariage religieux allait soulever un problème, la famille de Dante étant catholique, et nous, protestants. Mais aucune de nos deux familles n'étant très pratiquante, cela ne causa aucune controverse et le mariage fut célébré au Temple, par le pasteur auquel nous avions donné l'assurance, précédemment, que les enfants, s'il devait y en avoir, seraient élevés dans la foi protestante. La question de la religion n'a jamais suscité la moindre controverse entre nous.

Nous fîmes un voyage de noces à Vienne et je me souvins des séjours que j'y avais passés avec mes parents. Je revis avec plaisir la « Spanische Reiterschule », ce spectacle équestre qui pour Dante était nouveau, auquel il eut de l'intérêt; et nous avons goûté aux délicieuses pâtisseries de la Maison Sacher. Mais si pour moi ce séjour suscitait à la fois le plaisir des réminiscences et celui de le faire avec mon mari, il semblait que pour lui cela n'avait que fort peu d'attrait. Tout passait sur lui comme de l'eau sur une plume. Ce séjour, s'en souvient-il encore ? Je portais un ensemble acheté par ma mère : une robe de laine rouge et manteau gris avec doublure rouge assortie à la robe.

Au retour, maman me fit un reproche. "Tu devrais remercier Papa, tout de même. C'est grâce à lui que vous avez fait ce voyage." C'était vrai. "Merci beaucoup, Papa".

Mais je sentais mon père un peu jaloux de ce beau-fils qui lui volait sa fille. Une réaction de père, je pense, et qui prouvait son attachement pour moi.

Nous nous sommes installés à Gressoney, dans un immeuble neuf, un peu à l'écart du village. Quatre pièces claires, assez spacieuses, mais dans l'une d'elles, dont j'aurais voulu faire une chambre d'amis, je voyais avec regret s'entasser des cartons de vieilles chaussures, un bric-à-brac à mettre au rebut.

- Dante, on pourrait débarrasser cette pièce et en faire une chambre d'amis.

La gifle partit, cinglante, brutale. Je le regardai, les yeux agrandis par la peine. Pourquoi une réaction si violente ? M'en voulut-il d'avoir des goûts de luxe, ou qu'il jugeait tels ? Et je me rendis compte, comme j'en avais déjà eu le sentiment d'ailleurs, qu'avec cet homme il me faudrait être à la fois l'épouse et la mère. Dante, intelligent, comprenant les choses au quart de tour, était comme une pierre de valeur non taillée, brute. Il fallait la lustrer, la polir, pour en faire ressortir tout l'éclat. Il fallait user d'intuition, de psychologie pour l'amener peu à peu à une plus grande tolérance.

Dans notre appartement de Gressoney, j'écrivais des lettres et joignais un CV aux adresses que m'avait fournies l'École Hôtelière de Lausanne. Combien en ai-je écrit de ces lettres, que Dante signait sans les lire? Il était si convaincu que cela ne donnerait rien, et au fond pas fâché de pouvoir bientôt rire de ces efforts inutiles. Chez lui, lorsqu'il devait s'absenter, il aimait aussi, je m'en étais aperçue, ces faux départs qui exacerbaient la peine. Il partait, le héros qui s'en va, puis revenait - ah, on l'a encore pour une minute, mais il va partir. Que c'est triste. Il partait, puis revenait, ainsi deux, trois fois, jusqu'à ce que sa famille, sa mère en particulier, soit bien en pleurs. Je détestais cette comédie. Il avait tenté la chose avec moi, était parti, puis revenu, et dès lors espérait me voir en larmes. Et moi:"Tu as oublié quelque chose?" Il n'avait pas apprécié. Il avait fait ce théâtre lors de ses départs pour l'Espagne, comme s'il partait pour dix années au goulag!

La vie à Gressoney était très plaisante. Le matin, je rangeais nos chambres, puis partais faire quelques achats dans le village, les semelles de mes après-skis crissant sur la neige du chemin. J'admirais en passant les photos de Lino, le photographe, qui avait des prises de vue magnifiques du

Mont Rose, ces couchers de soleil spectaculaires qui embrasaient la montagne, étendant leurs feux sur les sommets environnants.

Ils étaient très doués les quatre frères: Davide, Nando, Dante et Claudio. Et Ilario, le mari de Mercedes. Ils formaient des chœurs à trois ou quatre voix dont j'estimai qu'ils auraient dû être enregistrés. Dante aimait peindre et j'ai encore un tableau de sa palette dans ma chambre à coucher (un paysage, son sujet de prédilection). Nando faisait des sculptures sur bois et une bûche toute ciselée prenait dans ses mains la forme d'un corps ou d'un objet.

Il neigeait. La piste de Weissmatten était ouverte et souvent j'allais skier moi aussi. Je voyais Dante, Maestro, suivi d'un serpentin de mioches qui apprenaient le stem ou le christiania. Entre une leçon et l'autre, il arrivait que nous puissions faire une descente ensemble.

- Viens. J'ai une heure.

Alors, ravie, je prenais le téléski avec mon mari, puis le suivais par les creux et les bosses de la piste à une allure qui me poussait au-delà de mes habituelles capacités.

C'est en février 1962 que nous parvint la lettre qui allait donner un tel essor à la carrière de Dante.

"Monsieur,

"Ceci pour vous informer que M. Frédéric Tissot, Administrateur et principal actionnaire des Hôtels de Leysintours, et moi-même, avons retenu votre candidature au poste de Directeur du Grand Hôtel de Leysin. Pourriez-vous vous trouver, avec Madame David, le … février dans les bureaux de Leysintours... Dans l'attente... etc." C'était signé C. de Mercurio, Directeur des Hôtels.

Je sautai de joie, couru vers les pistes, agitai la lettre. "Dante, Boudy, regarde. On te propose la Direction du Grand Hôtel de Leysin." Je le voyais perplexe, ne comprenais pas. N'était-il pas heureux? En fait, il était partagé entre l'ennui de devoir reconnaître que mes courriers, ces lettres que j'écrivais, qu'il signait sans lire et dont il espérait rire, portaient leurs fruits. Et quels fruits! Mais aussi flatté de se voir proposer un poste prestigieux.

- C'est rien, ça. C'est pas vrai. De Mercurio il écrit seulement parce qu'il a dit qu'il écrirait.

- Comment ça, rien. Pas vrai. Mais il te propose la Direction du Grand Hôtel!

Je le quittai, un peu refroidie, mais gardant en moi la certitude de perspectives qui s'étaient soudain tellement élargies.

De suite, je préparai une réponse. Remerciements. Heureux de la confiance témoignée. Assurance de mes meilleurs efforts... Une lettre que cette fois-ci il se donna la peine de lire.

- D'accord, fit-il. Et il signa.

À peu de temps de là, nous eûmes, dans les bureaux de Leysintours à proximité du Grand Hôtel, un entretien avec M. Frédéric Tissot, administrateur et principal actionnaire des hôtels, et M. Carlo de Mercurio qui jusque-là avait dirigé le Grand Hôtel et aussi, sauf erreur, un ou deux autres hôtels de la station et qui allait reprendre une affaire à son compte et avait recommandé notre candidature. Je lui en étais reconnaissante et nous lui avions offert un présent, mais je ne sais plus quoi. La décision finale, cependant, dépendait de M. Tissot. Dante fit une très bonne impression, comme souvent. J'avais été plus réservée, voire timide.

- Madame David aura besoin d'un peu d'aide au début, dit-il.

Il est vrai que je m'étais montrée beaucoup moins assurée que mon mari. Qu'importe. Dante était Directeur du Grand Hôtel et j'étais reconnaissante à l'Administrateur de nous faire confiance. Plus tard, je me souviens de cette confiance que M. Frédéric Tissot nous avait témoigné et suggérais ce prénom pour notre fils. Dante approuva, sans savoir que j'avais pensé, en référence, à celui qui nous avait mis le pied à l'étrier. Notre fils s'appelle Frédéric. Mais il faut dire néanmoins que nous aimons bien ce prénom et que si M. Tissot se fut appelé Ignace ou Euzèbe, j'eus eu quelques hésitations.

Au sortir de l'entretien, Dante eut un regard pour ce grand bâtiment qui se dressait là, devant nous, dominant la station.

- Non mais tu te rends compte! Diriger ça!

Il en était très fier, préoccupé aussi, mais n'eut pas un mot pour moi, pour ces lettres que j'écrivais et qu'il signait sans les lire. Qu'importe. J'étais heureuse, moi aussi.

Je me souviens de cette amie, Monique, avec qui j'avais fait tant d'années de classes: l'École Sup. à Vevey, puis le Gymnase à Lausanne (pour moi, il y avait eu ensuite l'ETI - École de Traducteurs et d'Interprètes - à Genève et le cours de secrétaire de Mlle Narguiledjian). J'ai revu Monique peu après mon mariage. Ses parents étaient propriétaires de l'Hôtel du Lac à Vevey.

- Je cherche une direction en Suisse pour mon mari.
- Un Italien? A vingt-sept ans? Mais Marianne, tu n'as aucune chance.
Ah non?

Il neigeait le jour où nous sommes arrivés.

On nous avait réservé une belle chambre dans l'aile gauche, avant que nous nous installions dans la villa attenante, ce à quoi Dante allait s'opposer. Pour l'instant nous avions une chambre spacieuse d'où je voyais dehors les flocons tomber, un rideau de blancheur, un tableau féerique, les sapins tout chargés comme dans un conte pour enfants. C'était très beau.

Un portier déposa nos bagages et Dante lui remit un pourboire.
- Grazie, Direttore.
- Tu as entendu , me dit Dante lorsque l'autre eut quitté la pièce. Il m'a dit Direttore.
- Mais Dante, c'est ce que tu es.

Allait-il apprécier ce titre qui le classait parmi «les riches», «sti ricconi», que lui et les siens avaient si ouvent méprisés? Or s'il pouvait dédaigner les titres des autres, il n'avait rien contre les siens auxquels il estimait - avec raison d'ailleurs - avoir plein droit. Mais s'il reconnaissait le mérite de ses propres titres, ne pouvait-il pas accepter ceux des autres? Peu à peu cependant, il acquit une plus grande tolérance.

Alpes Suisses

Chapitre 2

Leysin, 1300 mètres d'altitude, est une belle station des Alpes suisses où l'hiver on skie sur les pistes de la Berneuse, glisse sur la patinoire du village, ou s'adonne au bobsleigh, et où, l'été, les nombreux sentiers à flanc de montagne permettent des randonnées et des pique-niques. Leysin, de par son ensoleillement exceptionnel et son air sec, sain, avait longtemps été un lieu recommandé pour les malades des voies respiratoires, des poitrinaires, voire des tuberculeux. La pénicilline qui permettait des guérisons sans recours à de longs séjours en montagne, qu'en fait seuls des privilégiés pouvaient se permettre, avait conduit au déclin de la station jusqu'à ce qu'un homme, M. Frédéric Tissot, reprenne les établissements du lieu et les convertisse en hôtels. Il fallait du courage. Leysin n'avait pas bonne réputation et au début seules des personnes à revenus modestes, attirées par des conditions très avantageuses et par la beauté du site aussi, venaient y faire un séjour. Peu à peu cependant, avec le temps et l'oubli de sa première vocation, Leysin acquérait des lettres de noblesse; les prix avaient augmenté comme le niveau de la clientèle et l'on n'associait plus automatiquement Leysin à la tuberculose. Il m'arriva pourtant d'entendre encore parler de lits de cure sur les terrasses, ou pire, de lits de malades, des termes que je n'allais plus vouloir entendre. Sur une porte, j'avais vu l'écriteau 'Radiographie' que j'avais fait enlever. Nous ne gérions pas un hôpital, enfin, ni un sanatorium, mais un hôtel. Et il était très beau, cet hôtel, avec son grand hall d'entrée, ses salons et ses chambres spacieuses. Le restaurant, à boiseries sculptées, contenait une quarantaine de tables où s'affairait la brigade à vestes blanches des sommeliers, sous les ordres de Giorgio, le Maître d'Hôtel. Lui et Dante s'étaient liés d'amitié, tous deux jeunes, grands, sympathiques, et décidés à bien mener la barque; mais je sentais l'autorité de Dante supérieure.

Si seulement cette autorité ne se manifestait qu'à son travail, mais elle s'appliquait à moi aussi, et pas toujours à bon escient.

- Madame! La Grande! Tu crois que tu sais, mais tu sais rien, ma pauvre. Je vais t'apprendre, moi.

Que voulait-il m'apprendre?

- Dante, tu vois du mal où il n'y en a pas.

Mais s'il décidait de passer un ou deux jours à Gressoney, dans son village, je sentais, peu après son départ déjà, un flottement dans tout l'hôtel. Comme si partout, que ce soit aux étages, à la buanderie, à l'économat, aux cuisines, à la menuiserie, à la lingerie ou aux bureaux, on sentait l'absence de gouvernail et le navire partait à la dérive. Vivement qu'il revienne.

Une fois par semaine, je me levais à six heures du matin, remplaçais la gouvernante d'étages pour qui cet horaire était quotidien, et cherchais à calmer une dispute entre deux femmes de chambre ou à répondre aux doléances d'une troisième.

- C'est pas possible, on n'a plus de draps. Qu'est-ce qu'elles fichent ces lingères?

Et je filais à la buanderie.

- Activez, on manque de draps.
- Mais c'est que j'ai que deux bras, moi. Et que deux machines aussi. Et les cuisiniers qui veulent leurs tabliers et leurs torchons. Et les sommeliers, les serviettes pour le restaurant. Non mais qu' est-ce qu'ils croient?
- Je sais, mais activez autant que possible.

Mais avec un visage si jeune, si lisse - j'avais 23 ans - mon autorité était très relative. L'autorité venait de Dante, bien que lui, à 27 ans, n'était pas bien vieux non plus.

À repenser à ces années, je me dis qu'à Leysin, jamais je ne me suis vraiment liée avec la clientèle, sûrement bien sympathique. Mais prise par le travail - un travail vivant, varié, que j'aimais - jamais je n'ai pensé à m'asseoir dans un des fauteuils du salon, me présenter et engager une conversation avec nos hôtes. En tant que femme du Directeur, j'aurais pu avoir plus de contacts avec la clientèle, échanger quelques mots et poser quelques questions sur la qualité du service, des menus, savoir s'il y avait quelques réclamations peut-être, ou quelques suggestions. Or je savais que Dante, d'origine modeste, n'aurait pas trop apprécié de me voir jouer ce rôle de "grande dame" et s'il m'arrivait d'en avoir quelques velléités, il avait tôt fait de m'interrompre. Je n'étais pas toujours mise en valeur par mon mari, mais souvent incitée à une attitude modeste, discrète. Et si j'avais voulu m'imposer, il aurait fallu que ce soit d'une façon rude, déterminée, intransigeante.

Mais ces pensées ne faisaient que m'effleurer. Dante était un bon Directeur, très apprécié du personnel, sachant fort bien manier le bâton et la carotte. Nous étions jeunes, sains, la carrière de Dante était fort bien engagée et prometteuse. La question financière cependant me laissait perplexe. Il recevait un bon salaire, mais semblait toujours ne rien avoir. Certes, il en envoyait une partie à ses parents, mais ce n'était qu'un faible pourcentage. À moi, il ne donnait rien. Au village, il avait acquis un appareil de photos, commandait des développements, agrandissements, copies, plusieurs films, et ne payait jamais rien, jusqu'au jour où se présenta un agent de police et il prit peur. J'appris ainsi, effarée, que nous devions une grosse somme au photographe. Y avait-il d'autres dettes encore? Mais qui avais-je épousé, mon Dieu?

Lui, si scrupuleux quant aux finances de l'hôtel, lui qui faisait encore des rondes la nuit pour éteindre les lumières superflues, et se préoccupait tant pour une chambre non occupée trois jours durant, semblait incapable de gérer ses propres finances!

- Dante, s'il te plaît, quand tu commandes quelque chose, paie ce que tu dois!
- T'occupe pas de ça!
- Comment, "T'occupe pas de ça!" Mais cela me concerne aussi, tout de même.

Alors il promettait, vaguement, et je me contentais de cela.

J'ai très peu vu du village, passant toutes mes journées dans l'hôtel à la cafeterie, une fois par semaine aux étages où je remplaçais la gouvernante qui prenait son jour de repos et où j'aurais pu me rendre plus souvent. Je repensais parfois au conseil que m'avait donné Madame de Mercurio peu après notre arrivée:"Promenez votre lumignon partout". C'était un bon conseil que je n'ai pas assez suivi, passant plus de temps entre mon bureau, la cafeterie ou l'économat qu'aux étages.

Dans le hall de l'hôtel, je voyais partir des couples, des familles ou des groupes de quatre ou cinq personnes qui généralement se faisaient remettre une boite "lunch provision" ; et en été, chaussures cloutées et sac à dos, monteraient à la Berneuse probablement, puis, de la terrasse du restaurant, admireraient le cirque des sommets alentour. En hiver, les skis plantés dans la neige devant l'entrée, mettraient une couche de crème supplémentaire sur le visage, la réverbération l'exigeant ; et été comme hiver, commanderaient une épaisse soupe de légumes, du saucisson et une grosse tranche de pain bis, ou apprécieraient le contenu de la boite fournie par l'hôtel.

C'est au cours de l'été 1962, notre première saison à Leysin, que nous eûmes la visite de Peter Costeloe, mon cousin, hôtelier lui aussi, et comme Dante diplômé de l'École Hôtelière de Lausanne. Lui et sa femme Frisca vinrent au Grand Hôtel avec mes parents et nous prîmes le thé dans un des salons de l'hôtel où exceptionnellement je pris place, ce que je ne faisais jamais. À un certain moment, Dante et Peter s'éclipsèrent et je brûlais, moi, de savoir ce que les deux pouvaient bien se dire. Alors, en dépit de mes devoirs d'hôtesse, je les rejoignis. Là se passaient les choses intéressantes. Ils parlaient de nuitées, de taux d'occupation, mais aussi:

- Je suis en Iourope, disait Peter avec un charmant accent anglais, pour chercher du personnel.

En fait, il cherchait des cadres pour un grand hôtel de luxe, 600 chambres, qui devait s'ouvrir sous peu à Hong Kong, encore colonie britannique, où Peter vivait. Sachant mon mari hôtelier, il nous avait contactés.

- Mais vous devez bien réfléchir, dit-il. Vous êtes très bien ici.

Réfléchir? À quoi? À Hong Kong? Je retournai auprès de mes parents un peu coupable de les avoir abandonnés. Frisca grelottait, ne comprenait pas qu'il fasse si froid.

- In June! disait-elle.

Qu'aurait-elle dit en janvier?

En fin d'après-midi, ils partirent et l'idée de Hong Kong était partie avec eux. Je les regrettai. Mami. Papa. Mais ma vie était ici. Juillet. C'était la haute saison et Zumofen, le Chef de réception, se battait avec les "overbookings", ces surréservations, la location de chambres deux fois pour la même période, en prévision de ces clients qui réservent et ne se présentent pas. En général tout se passait bien, sauf quand tous les clients se présentaient. Or apparemment c'était le cas et le pauvre Zumofen ne savait pas comment s'en sortir. Il téléphonait aux autres hôtels de la station, trouvait des chambres pour une clientèle néanmoins mécontente. Évidemment, quand on avait réservé au Grand Hôtel, on n'avait pas très envie d'aller à l'hôtel de la Poste. J'avais pensé proposer notre chambre, et que nous nous installions provisoirement dans notre petit salon, mais il aurait fallu libérer notre armoire, la commode, et partager la salle de bain avec des inconnus. Dante s'y était opposé et je n'étais pas très enthousiaste non plus. Nous l'avons fait pourtant, une fois, et les personnes qui avaient occupé notre chambre avaient été très touchées de savoir que nous l'avions libérée à leur intention. Ce n'était d'ailleurs que pour une ou deux nuits.

Pour le 1er août, la Fête Nationale, Dante, qui pouvait être plus suisse que des Helvètes de souche, avait prévu une spectaculaire mise en scène à la Berneuse. On avait habillé nos sommeliers en armaillis et sous un ciel merveilleusement bleu, dans le cadre si beau des sommets enneigés alentour, on vit apparaître José, un fromage entier sur l'épaule, puis après deux ou trois autres "Suisses", Gennaro soufflant dans un cor des Alpes et Luis lançant un drapeau à croix blanche qu'il parvenait miraculeusement à rattraper. Les touristes de la terrasse filmaient sans discontinuer. Ça c'était la Suisse. La vraie! Le soir, il y eut un feu d'artifice, offert par la Mairie de Leysin.

En août, l'hôtel plein, voire surréservé, je repris mes activités à la cafeteria dès le petit matin. Le coup de feu se situait vers neuf heures et je vérifiai les plateaux des petits déjeuners pour le service en chambre.

- Les lait! Il manque les lait!

Giorgio était déjà au restaurant, contrôlant la brigade et le service. Dante y venait aussi et notait sur son petit calepin noir les défauts qu'il constatait, dont il ferait part, plus tard, aux chefs de parties concernés: des chaussures non cirées; un bouton manquant à une veste; une tache sur une nappe ou une feuille morte sur une plante verte. Rien ne lui échappait. La gérante du restaurant de la Berneuse, restaurant qui dépendait aussi du Grand Hôtel, m'avait fait un compliment:

- Vous savez, Madame David, avant il y avait toujours des plaintes. Il y a même eu une fois une grève de tout le personnel. Depuis que votre mari est à la Direction, plus jamais rien.

Un jour, Dante décida de faire une "descente" dans les chambres des employés. Il en revint avec un impressionnant butin: des restes de nourriture, de la vaisselle, de l'argenterie, toutes choses dérobées sous mon nez sans que jamais je ne m'en aperçoive!

L'été tirait à sa fin. Il faisait déjà froid en cette saison d'automne et nous allions fermer l'hôtel pour l'entre-saison. Parfois me revenait à l'esprit l'idée de Hong Kong, mais de Peter, depuis plusieurs mois nous n'avions rien entendu et c'était très bien ainsi. Les derniers clients partis, le personnel ayant aussi quitté l'hôtel, il ne restait qu'un ou deux employés, dont Anna qui préparait nos repas. Nous les prenions dans une petite salle attenante aux cuisines et j'appréciais cette période plus calme, mais pas oisive. Je répondais au courrier, prévoyant les réservations d'hiver, parlais avec Ambroggio, homme à tout faire qui s'occupait de la maintenance, du chauffage, remplaçait une ampoule ou donnait un coup de pinceau ici ou là. Dante aussi trouvait toujours à s'occuper. Ce métier d'hôtelier, plus pratique qu'intellectuel, lui convenait si bien.

J'aurais aimé qu'à tel moment il se remette à peindre. J'avais vu quelques tableaux de sa palette: des paysages, son sujet de prédilection, des champs ou des scènes de montagne. Il avait du talent et maintenant que nous avions plus de temps libre, il aurait pu s'y remettre, mais ne semblait pas tenté pour l'instant. Lors de cet entre-saison, nous fîmes un voyage vers le sud de l'Italie. Dans la Triumph rouge, une voiture achetée depuis peu et ce jour-là décapotée, Dante au volant et moi une carte routière dépliée sur les genoux, nous partîmes vers le soleil.

On poussa jusqu'à Rome, puis plus au sud jusqu'à Naples et, dans le Golfe de Salerne, jusqu'à Paestum et ses incroyables vestiges grecs, ses temples à colonnades partiellement éboulées et frontons élaborés qui se dressent dans un paysage aux oliviers tordus. Par terre, on trouvait des pièces de monnaie anciennes et je regrette que nous n'en ayons pas gardé. Aujourd'hui elles sont rassemblées dans un musée qui alors n'existait pas.

On déjeunait dans une petite auberge, sous la charmille, où la patronne nous servait un "antipasto", à l'huile d'olive évidemment.
Je l'ai bien aimé ce voyage sous le soleil d'automne encore chaud dans ce sud de l'Italie, mais sans la touffeur de juillet, j'imagine. Mais nous allions remonter vers le nord, vers notre station de montagne où une première neige était déjà tombée. On se préparait à la longue, la rude saison d'hiver qui commençait d'emblée par le gros coup de feu des Fêtes de fin d'année.
Autant j'avais été soulagée, début octobre, de voir les derniers clients partir, autant j'étais maintenant enthousiasmée par ce renouveau d'activité. Si on ne voyait plus les sacs à dos et les chaussures cloutées pour les excursions en montagne, c'était dès lors les grosses bottes de ski qui apparaissaient, les anoraks et les pantalons fuseaux. Aux heures de liberté, Dante et moi ferions aussi quelques descentes.
Dans le grand salon, nous avions placé un sapin tout décoré de boules, de bougies et de guirlandes. M. Suter, le Chef de cuisine, prévoyait des menus spéciaux pour les Fêtes, tout en limitant les dépenses, budget oblige. Chaque semaine, je calculais les moyennes de cuisine, additionnant les dépenses et déduisant les prix du stock restant. À l'économat avec la jeune fille responsable, je vérifiais les quantités des produits.
- Qu'est-ce qui nous manque, Elisabeth?
- On a presque plus de condiments. Il faudrait aussi des boîtes de conserves, petits pois, tomates pelées. Ah, de l'huile aussi.
Je notais, passerais les commandes.
Au restaurant, les tables qui avaient été mises bout à bout pour supporter la vaisselle, l'argenterie, la verrerie, dont on faisait l'inventaire, reprenaient leurs places et se couvraient de nappes. Or partout, toujours, je sentais l'autorité de Dante. Il arrivait de son grand pas, discutait avec Suter - je les voyais sourire - puis se rendait à la réception, parlait avec Zumofen, s'inquiétait du "trou de janvier", cette période toujours creuse qui suit les Fêtes.
- Mais ne vous en faites pas, M. David. J'ai une quantité de réservations pour la fin du mois et pour février.
- Je sais bien; c'est le début du mois que je voudrais voir plus rempli. On doit faire plus de publicité. Dans les universités peut-être; avoir des groupes d'étudiants. On peut baisser les prix. Nous, on vend du temps, M. Zumofen. Une chambre non louée, on peut pas la solder.

Oh Dante, Boudy. Bon hôtelier, si attentionné pour le personnel, et souvent si dur avec moi. Pourquoi.

"Dante, tu vois du mal où il n'y en a pas!"

J'accueillais des hôtes.

- Madame, Monsieur. J'espère que vous avez fait bon voyage… Oui, votre chambre est prête. La 204. Vos bagages? Laissez, laissez. Un portier s'en chargera.

- Je suis Madame David, la femme du Directeur.

On me regardait avec étonnement. J'étais si jeune, 24 ans.

- … Bien sûr. On a fait mettre un lit d'enfant dans votre chambre.

- Je vous souhaite un bon séjour… Oui, la 106. Au premier étage.

- …Certainement. Si vous souhaitez manger quelque chose, le restaurant est encore ouvert.

Barbara Ann Spengler, Photographer

Hong Kong
June 1971

Chapitre 3

C'est alors que survinrent deux faits, d'inégale importance, mais qui tous deux allaient changer notre vie, et l'enrichir. D'abord arriva, garnie de timbres exotiques, une grande enveloppe jaune qui suscita une anticipation un peu anxieuse de ma part. Peter nous écrivait du bout du monde, de Hong Kong, alors colonie britannique, que je ne situais même pas exactement et croyais en Chine. (La rétrocession n'aurait lieu que des décennies plus tard). Il joignait à sa lettre un contrat: Assistant Manager de cet hôtel de luxe, de 600 chambres, non pas le Queens comme il avait été prévu de le nommer d'abord. Le nom avait été jugé trop britannique, inadéquat. Ce serait le Mandarin. Et Dante, disait Peter, était attendu au plus tôt, les choses étaient en pleine effervescence, sa présence requise dans les meilleurs délais.

Et puis, le médecin l'avait confirmé, j'attendais un enfant. Un petit David qui, si Dante signait le contrat - ce qui, selon toute apparence serait le cas - naîtrait en terre chinoise. J'espérais un garçon, mais me raisonais. Si ce devait être une petite fille, je l'aimerais aussi de tout cœur évidemment.

Quant à Hong Kong, rien n'était décidé. Nous étions très bien au Grand Hôtel et dès lors, pour y avoir passé une année, soit les deux saisons, été et hiver, j'avais acquis cette expérience qui me rendait plus sûre, je saurais mieux gérer les choses désormais. Mais évidemment, Hong Kong c'était intéressant. Alors si Dante voulait ... Il voulut. Or lui ne concevait pas grand-chose. Il voyait l'Aventure, avec un grand A, mais je savais, moi, qu'il y avait une place sérieuse au bout du chemin et qu'enfin il signerait un contrat de trois ans après quoi nous reviendrions en Europe.

- Je ne sais pas trop que penser, Boudy. Nous sommes très bien ici.
- Ah moi, j'en ai marre de tout ce bordel.

Il brûlait ce qu'il avait adoré. J'étais peinée de l'entendre parler ainsi. Mais aussi, il est vrai, tentée par l'Aventure.

Et Dante signa le contrat et le renvoya. Ainsi nous partirions pour cet Extrême-Orient, cette Asie du Sud-Est que je ne concevais pas très clairement, et ce pour plusieurs années.

Nous passâmes les dernières semaines dans nos familles respectives et j'étais contente, moi, de ne pas assister au drame que devait causer le départ de Dante, avec les faux départs et la mamma en pleurs. D'autant que cette fois ce n'était pas pour une station de montagne accessible - les parents de Dante, comme les miens, étaient venus à Leysin pour une dizaine de jours, s'y étaient beaucoup plu et avaient eu la confirmation que leur fils était dans un endroit beau et ne requérant pour une visite que quelques heures de voiture. En plus, c'était la montagne, là aussi, et ils s'y sentirent très à l'aise. Mais dès lors, il s'agissait de l'autre bout du monde! La mère de Dante me dit, des années plus tard, en riant, qu'avec son fils elle apprenait la géographie. Or pour l'heure, elle n'avait certes pas très envie de rire. Son fils partait pour plusieurs années et trop loin pour être accessible.

Dante me rejoignit à Genève et à l'aéroport de Cointrin, il y eut quelques larmes là aussi. Mami. Papa. J'étais triste de les quitter, mais aussi excitée par le voyage.

- A Hong Kong, m'avait dit maman qui avait vécu quelques temps en Chine après la Révolution de Russie, tu auras une ahma.
- Une ahma?
- Oui, une bonne d'enfants. Elles sont merveilleuses avec les tout-petits.

Ce fut Ahoï, qui s'occuperait si bien de Frédéric tout enfant, mais je ne le savais pas encore. Pour l'instant, c'était le départ.

J'embrassai mes parents, promis mille lettres, et Dante et moi nous dirigeâmes vers l'avion. Sur le tarmac encore, je me retournai et fis des signes d'adieu. Puis nous montâmes dans l'appareil, et du hublot, je cherchai à les apercevoir.

J'adore les décollages. L'avion roule sur la piste, accélère, fonce, le paysage file, défile et dans le grondement des moteurs, on sent la puissance de l'appareil, et puis soudain, plus rien, on vole. Des nuages balaient le hublot, on les traverse et on émerge dans un ciel bleu avec une mer de brume en-dessous.

Nous étions en 1963 et les voyages n'étaient pas aussi aisés ni aussi fréquents qu'aujourd'hui. Mais si les agences ne prévoyaient pas encore de vols - et surtout des longs courriers - pour des groupes, des voyages organisés ou des charters, elles réservaient en revanche très volontiers pour des clients tels que nous qui se déplaçaient individuellement.

Le voyage nous était payé par la compagnie de Hong Kong, mais un voyage en ligne directe évidemment. Or nous le ferions par étapes et avec quelques détours. Nous nous arrêterions d'abord au Caire, puis à New Delhi, pour descendre ensuite à Colombo, dans l'île de Ceylan, avant de remonter quelque peu vers le nord et par la Malaisie, pour atteindre Hong Kong.

Le vol de Genève au Caire mettait quelques heures, je ne sais plus combien, mais était certainement moins rapide qu'aujourd'hui. Aussi, il y avait moins de monde dans les aéroports et pour les vols, surtout les longs courriers, on s'habillait bien, élégamment. Les bagages aussi étaient plus beaux, comme si les vols étaient réservés à une élite - ce qui en fait était le cas.

Dans l'avion on nous servit un repas que dans mon état - j'en étais au cinquième mois et mon tour de taille s'était déjà bien épaissi - j'appréciai beaucoup; un état qui par ailleurs, malgré les changements de climats, de nourriture et d'horaires, ne m'incommodait pas.

Dès la descente de l'avion, je sentis le souffle chaud, brûlant d'un air auquel, de la fraîcheur de nos montagnes, nous n'étions pas habitués. J'ai toujours aimé, arrivant dans un nouvel endroit, le trajet qui, d'un aéroport, conduit vers quelque centre. Il y a le plaisir de l'arrivée et surtout celui de la découverte, de l'exotisme le cas échéant, et de la nouveauté.

Le Caire. Des barges coulaient avec lenteur sur le Nil, leur voile carrée se détachant sur un fond bleu. Et je revois le petit hôtel tout fleuri où nous étions descendus, qui nous avait été recommandé par une cliente du Grand Hôtel. "Allez là, nous avait-elle dit. Vous y serez très bien." Nous y fûmes très bien, en effet. De notre balcon, j'entendais la rumeur de la ville où, comme dans toutes les grandes villes du monde, la vie ne s'arrête jamais; et je voyais, se détachant à peine sur un fond de crépuscule, un palmier, feuilles dentelées, ses branches en éventail, mais je n'en ai qu'une vision floue. En revanche, je revois clairement les pyramides de Guizeh, ces immenses triangles de pierre que la ville n'atteignait pas et qui alors trônaient, seules, en plein désert. Des "dragomans" sur leur chameau, proposaient, pour quelques piastres, de se mettre à côté de vous pour une photo.
- Mets-toi là, près de lui, dit Dante.

Et il sortit l'appareil de ce gros sac noir qu'il portait en bandoulière et qui contenait en outre l'argent et nos passeports. Il le perdit un jour, et ce fut un moment d'angoisse. Un bref moment, par chance. Lorsqu'un jour un officier présenta une nouvelle recrue à Napoléon en en vantant les mérites, l'Empereur demanda "Est-ce qu'il a de la chance?" Dante en a eu de la chance. Et combien. Né sous une bonne étoile, cet homme-là. Mais enfin, cette chance qui nous a fait vivre tant d'événements, partager tant d'impressions, de visions, et connaître tant de lieux et de mentalités, je l'ai aussi vécue, partagée.

Le "dragoman" enturbanné prit les quelques pièces que Dante lui remit.
- Arrbah, fit-il avec mépris.

Quatre. C'était trop peu, mais nos moyens n'étaient pas extensibles à l'envi. Ils auraient pu l'être si nous avions su mieux gérer nos fonds, mettre quelqu' argent de côté, par exemple. Comme bien souvent je chassai ces idées négatives de mon esprit, mais ne pouvais m'empêcher de penser que si j'avais pu faire ce voyage avec un homme plus instruit, mieux préparé à la vie, j'aurais pu tellement mieux apprécier ce que nous vivions. Mais qu'avais-je à me plaindre? C'était bien grâce à lui que nous faisions ces étapes captivantes qui laisseraient une empreinte dans ma mémoire. Un autre homme eut pu suggérer un vol direct, et je n'aurais pas vu les pyramides, les "dragomans" enturbannés sur leur chameau, ou les gamins, noirs de terre et de soleil, tendant une main sale pour quelques piastres. Je n'aurais pas vu non plus les bougainvilliers qui garnissaient le balcon de notre chambre dans ce petit hôtel du Caire où nous étions descendus.

Si tout le jour j'avais souffert de la chaleur, le soir en revanche j'avais été agréablement surprise par la délicieuse fraîcheur qui, venant du désert, nous apportait un air léger auquel se mêlait le parfum de plantes exotiques. Du balcon de notre chambre, je voyais, se détachant dans l'ombre du crépuscule, un palmier à larges feuilles.

- Dante, comme il fait frais maintenant. C'est délicieux. Je ne m'y attendais pas.
- Ah, ça fait une différence après la chaleur du jour.

De loin, j'entendais la rumeur d'un trafic qui, comme dans toutes les grandes villes du monde, ne s'arrête jamais.

Nous avons goûté aux mets de la cuisine égyptienne, parfois si forts qu'ils me mettaient la bouche en feu. Dante les appréciait mieux que moi, et même en commandait volontiers.

Nous avons vu la grande mosquée d'Al Qahira et visité le musée, ses momies et ses sarcophages, et déjà c'était le départ pour l'Inde.

- Dépêche-toi. On doit partir.
- Mais je suis prête, Dante.

Qu'avait-il toujours à me houspiller.

Bombay. Dès lors, vraiment, l'Europe est loin.

Un char à bœufs chargé de troncs allait son train, se mêlant aux voitures sur une route de terre battue. Au sommet, juché sur sa pile de bois, une pièce de drap entortillée sur les hanches, trônait un jeune Hindou. Un groupe de femmes passait, une cruche sur la tête. J'admirais les saris, ces longs métrages de soie dont les Hindoues s'entourent la taille et qui tombent jusqu'aux pieds, en reflets chatoyants. Au-dessus, un boléro très court laisse entre deux un espace nu. C'est une tenue flatteuse, amincissante.

- Ils sont très beaux, ces saris, Dante. Je voudrais bien en avoir un.

Il m'en acheta un qui dissimulait le fait que, depuis cinq mois maintenant, j'attendais un enfant. Bien que mon état généralement ne m'incommodât pas, j'avais néanmoins été affectée par la chaleur, les odeurs, et bien heureuse à l'hôtel de retrouver un peu plus de fraîcheur.

- Je vais prendre une douche, Boudy, et puis me mettre sous le ventilateur.

Et encore mouillée, je riais, le visage levé vers les pâles.

A Bombay, nous avons visité une mosquée, très belle, avec ses mosaïques bleues et or, et un temple, dédié à Çakkyamuni, ou Bouddha, et Dante prit une photo de moi au pied d'une gigantesque statue du Gautama, le fondateur du bouddhisme, trônant sur un socle de pierre à spirales de serpents finement ciselés.

- Dante, qu'est-ce que c'était que ces gens assis par terre, les mains et les pieds entortillés de linges?
- C'était des lépreux. Je ne voulais pas te le dire.

J'en fus choquée. Il est vrai qu'à un arrêt d'autobus j'avais vu un écriteau en anglais et en l'un des nombreux dialectes de l'Inde: "Avez-vous été vacciné contre la lèpre, contre la peste?" Des maladies qui en Europe avaient disparu depuis des décennies et qui aujourd'hui ont sûrement été éradiquées là aussi. Mais alors, peu après le milieu du 20e siècle, à Bombay comme dans d'autres parties de l'Inde, j'imagine, elles sévissaient encore.

A l'hôtel, je bouclai nos valises et Dante à la réception réglait la note.
- Tu n'as rien oublié?
- Mais non, Dante. J'ai vérifié.

Nous partions pour Colombo, dans l'île de Ceylan. Un vol de quelques heures.

Là, nous sommes descendus au G.O.H., le Grand Oriental Hôtel de style colonial, qui n'existe plus. La chambre a les dimensions d'une salle de bal, ou peu s'en faut, et la salle de bain est à l'avenant. Je ne sais pas comment, avec les moyens limités dont nous disposions, nous sommes parvenus à faire toutes ces étapes. Il est vrai que le prix du voyage était couvert par la compagnie de Hong Kong, que les détours que nous faisions n'ajoutaient que peu au prix d'un vol direct sur une si longue distance et que nous n'achetions rien. Il est vrai aussi que nous prenions nos repas dans de petits restaurants aux sièges de fer et au sol de ciment, des chiens et des chats rôdant parfois autour des tables, et enfin que la durée du voyage se comptait en jours et non pas en semaines ou en mois.

- Millionnaires, hé? avait fait un employé tel jour lors de l'un de nos départs. J'avais été amusée, aimais bien que l'on nous considérât comme très privilégiés et plus riches que nous n'étions. J'avais rapporté le mot à Dante. Oh, il n'avait pas apprécié.

- Just lucky, dit-il (seulement chanceux) comme si nous avions gagné à la loterie. Il aurait voulu revenir en arrière, rectifier la chose auprès de l'employé. J'étais bien contente moi, que ce ne fut pas possible. Nous étions jeunes, sains et beaux, et si nous étions jugés riches en plus, cela ne gâtait rien. Lui n'aimait pas l'idée. Toujours ces jugements de prolétaire. Je l'avais vu un jour portant lui-même nos valises, le corps penché, le bras en équerre. Un vrai porteur de métier.

Quand donc accepterait-il d'appartenir à une classe aisée, celle de "sti ricconi" - ces richards - qu'il avait toujours méprisés. J'essayais de l'amener à une vision plus large des choses, par petites touches prudentes et sans heurter son ego.

Dans la chambre du G.O.H. les persiennes avaient été baissées, tamisant une lumière trop vive.

- Viens, on sort.
- Vas-y seul, Boudy. Je suis très fatiguée.
- Tu es sûre que tu veux pas venir?
- Sûre, Dante. Tu me raconteras.

J'avais été tentée pourtant. Il y avait tant à voir, des choses intéressantes; amusantes, pour certaines. Par exemple cette façon qu'ont les Cinghalais de dodeliner de la tête pour dire "oui", en un mouvement qui ressemblait plutôt à un non.

Nous avons pris un repas à l'hôtel où l'on nous proposait des papayes, des ananas, des mangues ou des kiwis, tous fruits exotiques qu'alors en Europe on ne connaissait pas. Plus tard, en Thaïlande, Dante chercha à me convertir au douriane, que je n'aimais pas et qu'il trouvait délicieux.

Dans la rue, je voyais des samlors, voiturettes à peine bâchées où l'air s'engouffre et ébouriffe délicieusement. J'en verrais plus encore à Bangkok, de ces véhicules à deux places qui pétaradent et s'insinuent dans le trafic. À Colombo, les samlors étaient tirés par des Cinghalais qui, souvent pieds nus, pédalaient avec effort sur leur vieille bécane.

Cette vision se mêlait à celle de jeunes femmes aux saris de toutes couleurs, à celle des autobus surpeuplés qui passaient en grondant, exhalant de grosses volutes de fumée. S'ajoutait aussi la vision des tireurs de pousse-pousses qui, les mains posées sur les deux branches de leur véhicule, tiraient pour quelques piastres autochtones et visiteurs installés sous le dais.

Nous quittons Colombo pour la dernière étape du voyage, pour Hong-Kong, notre destination. Une fois de plus on boucla les valises, et dans un taxi quelque peu brimbalant, sur une route chaotique par endroits, on se rendit à l'aéroport de Colombo qui alors n'était qu'une très petite structure.

Le vol est long de Ceylan à Hong Kong. On survola le Golfe du Bengale, la Birmanie, la Thaïlande, le Laos, et il y eut certainement plusieurs escales. Entre l'une et l'autre, dans l'avion, on nous servit un repas: des mets différents, aux goûts nouveaux, comme la saveur des kiwis ou des tranches de papayes, auxquels je m'habituai aisément.

Chapitre 4

Et ce fut l'arrivée, Hong Kong, où nous passerions quatre ans - avant le retour en Europe, puis un nouveau départ pour l'Asie, ce continent qui vous marque et qui attire toujours comme un aimant. À l'aéroport, Peter nous attendait - Hello, hello - et pauvre Dante qui ne comprenait pas un mot d'anglais. Je fus surprise cependant de la rapidité avec laquelle il apprenait.

- Frisca s'excuse de ne pas être venue, dit Peter. Elle est très fatiguée; elle attend un enfant.
- Moi aussi.
- Toi aussi Marianne? (Il prononçait 'Mèrièn').

Je sus d'emblée que cela changeait les plans. Il avait été prévu que je sois responsable des Relations Publiques au Mandarin. Mais évidemment on ne peut pas avoir une femme enceinte accueillant les hôtes dans un hôtel de luxe. Il fallait une jeune femme svelte, élégante, attrayante. Qu'à cela ne tienne; je trouverais autre chose.

Je regardais de tous mes yeux cette ville si nouvelle pour nous, ou l'ancien se mêlait au moderne. Mise en branle par le feu vert, une vague d'autos déferle, s'allonge, rendue plus fluide par la distance, et dans le flot constant des voitures, la charette d'un chiffonnier, traînée à lents coups de pédales, le triporteur, un assemblage inquiétant sur le dos, se frayent un passage laborieux.

Peter nous conduisit au Gloucester Building, un bâtiment relativement ancien et qui n'existe plus. Il avait fait mettre des fleurs pour notre arrivée et Frisca me dit plus tard qu'il s'était inquiété de savoir si nous y serions bien. J'aurais pu le remercier de ces attentions et l'assurer de notre bien-être.

C'était une grande chambre à coucher, et un salon, assez spacieux aussi, où nous prendrions nos repas préparés dans la vaste cuisine de l'étage et servis par un Chinois en pantoufles de tissu noir. La table était dressée au centre de la pièce et après le repas, les pieds repliés jusqu'à la prochaine utilisation.

Très tôt, nous fîmes, Dante et moi, la connaissance de Rudi et Erni Koeppen. Ils avaient à peu près le même âge que Dante et moi, et Rudi occuperait au Mandarin, en alternance, les mêmes fonctions que Dante: Assistant Manager, un titre qui allait bientôt être "Executive Assistant Manager", grâce à l'initiative de Rudi. Je ne concevais pas bien alors la différence, mais en fait, être un "Executive" vous place parmi les décideurs, membres de la Direction. Ce titre, nous le devions à Rudi. Il est utile de pouvoir écrire le mot sur un curriculum vitae.

Chaque lundi. en cours de matinée, avait lieu au Mandarin une réunion des "Executives" dont faisaient partie Mr. Ross, General Manager, Peter, Resident Manager, Rudi et Dante.

- Ils parlent tous comme des professeurs, me dit Dante dont l'anglais n'était alors que très approximatif.

Et j'imaginai l'impatience qu'il devait susciter à chercher ses mots et s'exprimer de façon embrouillée. Ainsi dès lors il m'apporta des feuillets où il jetait pêle-mêle ses idées, en un mélange de français et d'italien, truffé de quelques mots d'anglais. Mais comme en Espagne déjà, puis comme à Leysin, je me rendais compte combien ses idées étaient nombreuses et justes.

J'en faisais un texte suivi, commençant par des généralités et accédant peu à peu aux détails, le tout en un anglais certes pas très idiomatique, scolaire, mais grammaticalement correct. Et la cote de mon mari grimpa. Non, Mr. David n'était pas cet homme, présentant bien, mais de capacités très moyennes, tel qu'il avait été jugé jusque-là. Avec Mr. David, il allait falloir compter. Si seulement, pensais-je, il pouvait se montrer un peu plus attentionné envers moi. Jamais un mot aimable; jamais une preuve d'affection.

- Dante, dis-moi quelque chose de gentil.
- Mais qu'est-ce que tu veux que je te dise?

Et il arrangeait son nœud de cravate devant le miroir. Il était sur le point de partir pour l'hôtel et je me demandais à quoi j'allais occuper mes journées.

- Donne des leçons de français, me dit-il
- Enseigner? Mais je n'ai aucune préparation pour l'enseignement. Je ne saurai pas.
- Toi? Bien sûr que tu sauras.

Je fus touchée par ce vote de confiance, mais pensai néanmoins qu'il ne reposait sur rien. Mais enfin, je me rendis aux bureaux de l'Alliance Française à quelque vingt minutes à pied du Gloucester Building où nous vivions. J'y rencontrai Mme Houel, la directrice.

- Do you have French classes? lui demandai-je. (Avez-vous des classes de français?)
- Yes. Have you already done some French? (Avez-vous déjà fait du français)?
- But I would like to teach. (Mais je voudrais enseigner).
- Ah, mais alors nous pouvons parler français.
- Bien sûr. Le français est ma langue maternelle.

- Eh bien, j'ai une classe à vous proposer. Le lundi et le jeudi, de onze heures à midi. C'est un groupe de dames pour de la conversation. Vous pourrez les faire parler sur ce texte. (Elle me remit un feuillet stéréotypé). Je vous en remettrai un chaque semaine.

Aucun diplôme ou certificat, aucune preuve de compétence n'avaient été requis. Le lundi suivant, je commencerais à enseigner et j'étais morte de peur. D'autant plus que ma grossesse était déjà bien avancée. Nous étions en septembre et j'en étais au septième mois, la naissance étant prévue pour mi-novembre.

Un jour où Dante et moi étions attablés, Erni et Rudi qui, comme nous, occupaient une suite, et au même étage, entrèrent chez nous.
- Vous mangez ça? dit Erni. Mais c'est infect. C'est immangeable!
- Mais je ne sais pas, dis-je. Je trouve très bon.

Il fut décidé cependant que dès lors nous prendrions nos repas au Mandarin. Erni rêvait d'y vivre, d'y avoir une suite, comme Peter et Frisca. Il ne fallait que cinq minutes à pied pour se rendre du Gloucester à l'hôtel. Chaque jour, Erni venait me chercher et nous nous rendions ensemble au Mandarin; elle, ravie du contraste que nous offrions. Ses talons claquaient sur l'asphalte et j'avançais, moi, comme un navire. Elle et Rudi formaient un beau couple, comme Dante et moi le formerions, et nos âges étaient similaires.: Dante avait 28 ans, Rudi 27, moi 24 et Erni 21.

Erni était Autrichienne et ensemble nous parlions allemand. Si avec moi elle était gaie - nous feuilletions avec plaisir des journaux de mode - dès que Rudi entrait, elle était en pâmoison.
- Was hast Du denn? (Qu'as-tu?) lui demandait-il.
- Bauchweh, Muschi. (Mal à l'estomac).
- Prends quelque chose, disait-il, ce que j'aurais aussi répondu. Elle se vexait qu'il ne montrât pas plus de compassion. Dante, pensais-je, aurait aimé que je sois plus dolente, qu'il se sente le mâle, protecteur. Mais je n'allais pas jouer cette comédie.

Erni se plaignait volontiers: de la chaleur, de ces bêtes de Chinois, de ses vêtements qui ne lui allaient pas, et de la nourriture surtout "Schmeckt nach gar nichts" disait-elle (Pas de goût). "Vas là-bas", pensais-je; "sur ces sampans, ces bateaux bâchés où vivent des familles entières et que nous voyions de nos fenêtres. Je me demande si ces gens-là reçoivent le genre de nourriture qui nous est servie." Mais je ne le disais pas. Ou: "Vas aux confins de la ville, là où commencent les "New Territories" (Les Nouveaux Territoires), dans ces cahutes où vivent de nombreux Chinois!"

Puis vint ce lundi où j'allais commencer à enseigner. Devant une classe, pétrifiée, je parlais d'une voix si ténue qu'une dame du premier rang me demanda si je pouvais parler un peu plus fort. Plus tard, entrant avec assurance dans une classe, plaisantant avec un étudiant, je repensais à ces débuts où j'avais eu si peur et entendu avec un immense soulagement la sonnerie annonçant la fin du cours. Ceux-ci s'étaient améliorés aussi, mais je n'ai jamais été une enseignante émérite. D'une bonne moyenne, mais sans plus.

Outre l'enseignement, j'aurais pu apprendre le cantonais, mais il est difficile d'apprendre une langue qu'on ne peut pas lire. Les idéogrammes chinois ne signifiaient rien pour moi. Et puis, tout le monde parlait l'anglais, même s'il ne s'agissait que du "Pidgeon English", tel que le parlait Ahoi, notre ahma, qui allait si bien s'occuper du bébé.
Car la naissance approchait. Or cet automne-là, Dante découvrit Cat Street. C'était, bien loin du centre, une rue de brocante où l'on trouvait des merveilles, des bois sculptés, des ivoires ciselés, des objets de bronze, de cuivre, d'étain, des choses très belles pour certaines, souvent posées à même la rue, et où l'on marchandait, bien entendu. Nous y acquîmes quatre panneaux laqués, noirs, avec applications d'ivoire et de jade, représentant des scènes de la vie quotidienne.
- Schoen! dit Erni lorsqu'elle les vit. Et elle voulut savoir où nous les avions acquis. J'étais un peu frustrée de les faire bénéficier, elle et Rudi, des trouvailles de Dante, mais enfin, je lui dis où se trouvait Cat Street et à peu de temps de là, je vis chez elle les mêmes panneaux que les nôtres.

Puis je fis la connaissance des Marquert. Lui était cuisinier au Mandarin et elle, un peu quelconque, ne m'était pas particulièrement sympathique, mais nous vivions au même étage et les contacts étaient naturels. Elle était très intéressée par mon état, voulait savoir comment je me sentais, si l'accouchement était pour bientôt, et j'étais ennuyée de ces questions lascives.
J'appréciais beaucoup plus en revanche la compagnie de Mrs Dillon. Elle vivait aussi au Gloucester Bldg., était sensiblement plus âgée que moi, avait vécu avec son mari des années à Shanghai, et si je n'approuvais pas certaines de ses idées, je l'écoutais néanmoins avec intérêt.

- Nous nous réunissions dans le Grand Hôtel de Shanghai, disait-elle, sur le Bund (ce quai qui longe le Yang-tse Kiang - le fleuve Yang-tse). Nous y avions nos clubs où les Chinois n'étaient pas admis.

Les Chinois pas admis! Je pensais aux différentes concessions des Occidentaux - française, britannique, notamment - puis à la Longue Marche de Mao-tse Toung qui fit de la Chine un état communiste, proclamant à Pékin la République Populaire de Chine. Si je n'approuve pas le communisme, je peux comprendre tout de même la frustration des Chinois, un peuple intelligent, travailleur et d'une si longue Histoire, vivant alors sous une colonisation occidentale. À Hong Kong cependant, je n'ai jamais eu l'impression que les Chinois se sentaient opprimés. Mais évidemment je ne savais pas ce qui se passait dans leur tête. Mrs. Dillon avait l'air de trouver tout naturel que les Chinois aient vécu à Shanghai - comme en fait à Hong Kong - sous un gouvernement britannique. Il est vrai que bon nombre de Chinois géraient leur propre entreprise, et que certains étaient beaucoup plus riches que des Occidentaux. J'appréciais un régime démocratique tel que nous le vivions à Hong Kong - sans en connaître vraiment tous les avantages - par opposition à l'idéologie communiste dont j'allais bientôt avoir une meilleure idée, mais dont je concevais déjà qu'elle ne représentait pas cet idéal de justice, d'égalitarisme et de bonheur qu'imaginait mon mari.

Nous étions en automne, mais on ne sentait pas encore vraiment une fraîcheur de fin d'été. Nous sentirions la fraîcheur plus tard, en décembre et en janvier.

Or en ce début de novembre, alors que nous revenions de Cat Street Dante et moi, je ne marchais qu'à très petits pas, lourde, lente, et le lendemain, Dante me conduisit au Canossa Hospital. Je me souviens mal du temps que je passai juste avant la naissance, mais fort bien en revanche du médecin annonçant haut et clair: "A big boy!"

Le bonheur de cette naissance! Et un garçon comme je l'avais espéré. Dante, fier comme Artaban, télégraphia d'emblée à nos familles et informa tous ceux que nous connaissions - ou ne connaissions pas. Frédéric, à quelques jours déjà était un bel enfant, en fait, le plus beau du monde, évidemment. Une semaine plus tard, je quittai l'hôpital. Dante m'avait apporté des vêtements plus seyants, et j'étais au septième ciel.

Je ne comprenais pas qu'après une naissance on puisse ressentir un "baby blues", ce qu'apparemment certaines jeunes mamans ressentent. Avoir un enfant, se sentir à nouveau plus mince et plus légère, être même souvent embellie par la maternité, ne pouvait que rendre heureuse me semblait-il.

Erni était souvent venue me voir à l'hôpital et chaque fois elle apportait quelque chose: un vêtement d'enfant, un livre, des fleurs. J'étais touchée. Je reçus aussi beaucoup de fleurs de l'hôtel: Mr. Ross, General Manager du Mandarin, m'en avait fait parvenir; des membres du personnel également. Dante me fit cadeau d'un joli bracelet en or.

Dès mon retour au Gloucester, je fis la connaissance de Ahoi, notre ahma, qui allait s'occuper du bébé lorsque je m'absentais, ce qui était fréquent. Je repris très vite les cours à l'Alliance Française et dès lors, amincie, embellie, fière de mon enfant, de mon mari, j'étais très heureuse. Nous prenions toujours nos repas au Mandarin, mais dès lors Erni ne venait plus me chercher!

J'aimais beaucoup Ahoi. Elle était capable, rapide, soigneuse. Elle portait un pantalon noir, flottant, et une tunique remarquablement blanche. Elle parlait un "Pidgeon English" auquel je m'étais habituée.

La Strada 1961
Fan Ho, Photographer

Chapitre 5

Dante me fit remarquer que si les rues, les bus, les appartements sont souvent sales, en revanche les Chinois sur eux sont toujours remarquablement propres. Ahoi en était un exemple. Elle était parfaitement indifférente au désordre, voire au négligé de l'appartement, mais sa tunique était toujours immaculée.

À l'Alliance Française, Monsieur Hudelot qui, avec sa femme, dirigeait l'institution, avait introduit le système audio-visuel que je n'aimais pas. Il fallait enclencher l'appareil qui, dans une salle quelque peu obscurcie, projetait des images sur un écran, et un autre où se déroulait la bande sonore. Ainsi on apprenait que Madame Thibaud était allée au marché acheter des fruits et des légumes. Mais avec moi, l'image et le son ne correspondaient pas.

On la voyait chez elle, déballant ses provisions alors que d'après le son, elle remerciait la marchande et la payait. Si ce système est certainement très efficace pour qui en use à bon escient, pour moi, il semblait me priver de ma liberté de mouvements et d'expression. Je m'y habituai pourtant.

Ce à quoi je m'habituai mal cependant était au fait que Dante rentrait chez nous toujours un peu plus tard. Il s'attendait je crois à de virulents reproches tels qu'en eut eu une mamma italienne. Or je ne disais rien, pensais qu'un hôtel n'a pas d'horaires contrairement à un bureau qui ferme ses portes à dix-huit heures.

- Dante, pourquoi si tard?
- Dors!

Puis, me disait-il, il avait pris un whisky au bar avec quelques clients et je me satisfaisais de ces réponses. Plus tard, évidemment, quand il rentrerait à trois ou quatre heures du matin, les whiskies auraient bon dos. Mais je n'en étais pas là.

Dante avait droit à quelques semaines de congé qu'en tant qu'Executive il pouvait prendre en fait quand il voulait. Mon travail aussi permettait une certaine flexibilité et pour les cas où je devais m'absenter, je savais pouvoir me faire remplacer. Ainsi ce fut avec plaisir et intérêt que je l'entendis suggérer un voyage. Où irions-nous?

- En Chine, dit-il.
- En Chine?

J'étais enthousiasmée évidemment, et très heureusement surprise. En fait ce que je n'avais pas compris était que Dante voulait me convertir au communisme, m'en montrer les bienfaits. Or ce fut le contraire qui se produisit et il se rendit compte dès lors que ce régime n'est ni aussi égalitaire ni aussi heureux qu'il l'avait supposé. Il en revint désenchanté.

Je bouclai nos valises et petit Frédéric s'accrochait à nous, pleurait, ne voulait pas nous voir partir.

- Mais mon chéri, Mami et Daddy reviendront bientôt. Je l'embrassai. Je savais qu'il serait bien avec Ahoi, secondée par Ayeng qui m'avait aussi fait une bonne impression. Dante embrassa son fils et aussi le consola.

- Don't cry, big boy. Daddy loves you. Will be back soon. (Ne pleure pas, mon grand garçon. Papa t'aime. Il sera de retour bientôt).

Et nous partîmes, de la colonie de Sa Gracieuse Majesté la reine Elisabeth vers la Chine de Mao-tse Toung. Je portais une robe plissée à dessins verts et bruns et des chaussures brunes à talons hauts et Dante portait un costume clair, chemise et cravate. Si ce n'était la valise, il put sembler que nous allions prendre le thé au Mandarin.

En fait, nous monterions sur le "ferry-boat", le bac, qui de l'île conduit au littoral, puis nous nous rendrions à la gare de Kowloon pour le train qui, traversant les "New Territories", nous conduirait jusqu'à Lo Wu, le poste frontière où l'on quitte la colonie de Hong Kong pour entrer en Chine proprement dite.

Déjà dans le train j'avais le sentiment de découvrir un aspect de Hong Kong que je ne connaissais pas. Des paysannes s'installaient sur une banquette avec leur cage à poulets ou leur panier à choux. On nous regardait avec étonnement et j'imagine que bien peu d'Européens devaient prendre ce train-là.

- Tu as les passeports, Dante, n'est-ce pas?
- Mais bien sûr que j'ai les passeports!
Cette femme avec ses questions stupides!

A Lo Wu, on quitte le train et passe à pied le court trajet qui nous conduit vers une autre petite gare et le poste frontière. Dès l'abord on sent un souffle différent. Un immense portrait montre, de profil, un jeune Chinois au regard déterminé, et une jeune femme légèrement en-dessous, tous deux les yeux levés vers une bannière rouge à petites étoiles et l'on sait qu'on accède dans la Chine de Mao-tse Toung, à un pays où toute frivolité est exclue.

Nos bagages sont minutieusement inspectés et même, sur moi, les quatre tout petits diamants de ma bague de fiançailles sont scrupuleusement annotés.

- Il n'a pas trouvé ma bombe, fis-je à Dante en riant.

Mais ce n'est pas le pays du sourire. Un douanier, dont la casquette est ornée d'une étoile rouge, contrôle nos passeports, visas, et satisfait, y appose un solide coup de tampon.

Il y a foule sur le quai; nous avons la chance de trouver un compartiment encore vide et on prend place près de la fenêtre, la tablette à napperon crocheté entre nous. Le compartiment s'emplit peu à peu, des Chinois de tous âges, et le filet à bagages au-dessus de nos têtes se garnit, à côté de notre valise, de sacs de cuir, de baluchons, de cartons ficelés. On échange des sourires, faute de pouvoir s'exprimer, mais dès avant le départ, passe un contrôleur qui dit quelques mots de cantonais; les voyageurs se lèvent, reprennent leurs affaires et quittent le compartiment. On évite le contact. Pas de proximité avec ces étrangers à l'idéologie corrosive.

Nous avons le compartiment pour nous, ce qui n'est pas pour nous déplaire.

- Combien de temps est-ce qu'on mettra jusqu'à Canton, Dante?
- J'ai changé les dollars HK en Yuans, dit-il.

Comme si souvent, il ne répond pas à ma question. Je me demandai si les billets de banque seraient à l'effigie de Mao-tse Toung ou à celle de Tchang-kai Tchek. Ceux que j'ai vu l'étaient à celle de Confucius, ce que je trouvai plus judicieux.

On roule dans une campagne quelque peu vallonnée qui, semblable à celle des "New Territories" de Hong Kong, n'offre pas encore de vrai dépaysement. Dans le couloir passe une jeune Chinoise avec son chariot et propose du thé noir ou au jasmin comme on nous en offrira partout, dans les magasins, les musées, les "foreigners commissaries", ces coopératives où l'on peut acquérir des produits importés introuvables ailleurs, réservés aux étrangers et où l'on paie en dollars. Partout où l'on s'arrête plus de cinq minutes, on se voit offrir, dans de petites coupelles ou dans de hautes tasses à couvercle, du thé, la boisson traditionnelle, noir ou de divers parfums.

Dans le train, le trajet est agrémenté de musique, des mélopées chinoises aux sons un peu discordants pour nos oreilles d'Occidentaux, la mélodie d'Arirang que nous entendrons maintes fois, ou des marches militaires exaltant la puissance du pays.

- Cette musique, dit Dante, ça vous casse les oreilles.

Dante a une excellente oreille et s'il m'arrive de fredonner un air quelconque il peut aisément m'accompagner d'emblée d'une deuxième voix, une tierce en-dessous.

- Si tu compares ça avec notre musique...
- C'est vrai que je préfère Chopin ou Beethoven.

Mais nous sommes en Chine et d'ailleurs le train ralentit déjà, on arrive à Kwang-tcheou, ou Canton, d'où l'on prendra l'avion pour Pékin.

Ici, c'est une ville industrielle; on y travaille le textile, des produits chimiques et on y voit des cheminées d'usines. De loin, j'entends la longue sirène de l'un de ces bateaux marchands qui longent le Si Kiang et alimentent le commerce. Il fait chaud et humide et, passant de cet air lourd à l'air conditionné trop froid des gares ou des aéroports, je me suis enrhumée et respire avec peine.

On prend un petit appareil des lignes intérieures. La Chine est grande et aller de Canton à Pékin est à peu près comme de Rome à Stockholm. Or on est toujours dans le même pays, dans cette Chine communiste opprimante, oppressante, où l'on n'a pas le droit de penser. Tout est uniformisé: le vêtement, le mode de vie, la pensée, et je sentais la pression du régime, où toute velléité d'individualisme est étouffée, peser comme un couvercle. Or même dans une chambre d'hôtel, le soir, je n'osais pas dire quoi que ce fut contre le régime. "Vous aviez peur des microphones" me dirait-on plus tard. Pas une fois l'idée de microphones ne me vint à l'esprit. Simplement la constante pression du jour vous pénètre, vous imprègne et subsiste le soir aussi.

A Pékin, l'air est sec, pur. Il n'y a que très peu de circulation, donc peu ou pas de pollution, et au centre d'un carrefour vide, un policier règle un trafic inexistant.

Nous descendons à l'hôtel Hsin Chao, non loin de Chang An, la grande avenue qui traverse la ville de part en part. Cet hôtel offre un confort tout juste adéquat, mais sans plus. Une lettre de recommandation nous a été remise à Hong Kong pour le Directeur de l'hôtel.

- Je ne remettrai pas cette lettre, dit Dante.
- Tu as raison. Elle nous causerait plutôt du tort.

D'ailleurs il n'y a pas de directeur, seulement un responsable qui, comme tous les employés d'usines, d'hôtels ou de manufactures, travaille une demi-journée dans un bureau et une demi-journée aux champs. Le bureau consiste, sur un sol de ciment, en une table de bois et une chaise, mais n'a aucune décoration, sinon au mur pour le portrait de Mao-tse Toung, le Leader Bien-Aimé, le Grand Timonier, le Petit Père du Peuple. Des années plus tard, me retrouvant dans la capitale chinoise, je m'informai:

- Le Hsin Chao? Oh, mais c'est vieux, me dit-on. Il est vrai que l'hôtel n'était déjà pas tout neuf lorsque nous y étions, et que des années s'étaient écoulées depuis lors. J'ai revu l'hôtel, mais je ne l'ai pas reconnu, différent de l'image que j'en avais gardé.

A Pékin, dans la rue, les employés, les ouvriers, ne se rendent pas à leur lieu de travail librement, comme chez nous, mais en rang et en rythme, drapeau rouge devant. Pour agrémenter la marche, des haut-parleurs diffusent des flots de paroles - de la propagande, j'imagine - et de musique, la même musique que nous avons entendue dans le train. C'est lancinant.

Pékin. Dès l'instant de notre arrivée, nous sommes accueillis - ou cueillis - par un guide qui ne nous lâchera plus. Et l'on nous montrera ce que l'on voudra bien nous montrer.

Or bien sûr, la Grande Muraille qui sépare la Chine de la Mongolie. Construite au 3e siècle avant J.C., et aussi meurtrière que protectrice - des milliers de Chinois périrent à sa construction - ses trois mille kilomètres épousent tous les plis du terrain. Partiellement éboulée par endroits, elle disparaît derrière le versant d'une colline pour reparaître plus loin, constante, et ne finissant qu'avec l'horizon. Nous avons marché sur cette muraille, large d'une dizaine de mètres, une route que parcouraient les émissaires impériaux.

- Je me demande combien de temps ils ont mis pour construire cette muraille, dit Dante.
- Je ne sais pas. Elle a été construite - en partie j'imagine - par l'empereur Shi-huan Di.
- Il aura fallu plus d'une vie pour la construire.
- Sûrement. Mais il en a été l'initiateur.

Et nous avons admiré le Temple du Ciel aux toits superposés, à angles relevés, cette construction ronde, gracieuse, d'une architecture élégante, où se reflète un peu de la pensée orientale.

Et puis la Cité Interdite, qui aujourd'hui n'a plus d'interdit que le nom. On y accède par une large porte percée dans le mur d'enceinte et garnie sur ses panneaux de ferrures ciselées. Dans les cours, entre les divers palais, venaient en rang - Yi ah! - une deux - des enfants en uniforme scolaire, désherber entre les pavés. Et l'on passe du Palais de la Paix Céleste à celui de la Suprême Harmonie. Les toits, aux tuiles vertes et or, sont soutenus par d'énormes colonnes faites d'un seul tronc.

- Ce devait être des arbres immenses, dit Dante. Tu imagines! Et ça, c'est seulement une partie du tronc.
- Oui; en Chine tout est grand. Les arbres, les palais, les espaces entre eux, et le pays lui-même. Boudy, j'ai faim. Est-ce qu'on peut aller manger quelque chose?

Nous nous sommes rendus dans un petit restaurant où l'on vous sert un bol de riz, un bol de soupe et un bol de légumes. Nous étions devenus très habiles à manier les baguettes.

Plus tard, nous avons vu le Palais d'été où avaient résidé Tsö Hi, la dernière impératrice, et brièvement Pu Yin, son neveu; le bateau de marbre, construit, dit-on, avec l'argent destiné à des œuvres caritatives, et, au détour d'une allée, les étangs à nénuphars, ces surfaces miroitantes, un rappel de la nature que ni la pierre ni le marbre ne font oublier. Nous sommes montés sur la Colline de Charbon d'où l'on domine la ville, la Cité interdite et les parcs de Pékin, le parc Pehai notamment, ses allées et ses petites maisons de thé, fermées pour la plupart, symboles de privilèges et d'oisiveté; la grande avenue Chang An et ses bicyclettes, les innombrables bicyclettes de Pékin, plus nombreuses que les voitures. Il semblait que chaque Pékinois en ait une. Or les bicyclettes ne polluent pas. L'air est chaud, mais sec, et partant, plus léger. Le rhume qui m'avait importunée à Canton a totalement disparu.

La jeune guide en salopette bleue et chemisier quelconque qui nous a accompagnés partout et qui, mieux habillée et mieux coiffée aurait pu être jolie, est très fière de son pays.

- Nous sommes pauvres; notre pays est encore pauvre, mais nous travaillons, nous progressons.

Certes, mais pour progresser faut-il vraiment cette idéologie qui pèse comme un couvercle, lourd, qui étouffe l'individualisme et empêche la libre expression? Mais je ne vais pas le lui dire. D'ailleurs pour elle l'idéologie ne pèse pas. La pensée de Mao est là pour vous guider, vous montrer le chemin. Comment vivrait-elle dans nos démocraties? Dans «L'insoutenable légèreté d'être?». Sans guide, sans marche à suivre, sans ces rails dont l'écartement, plus ou moins large, permet de louvoyer entre ces limites avec une illusion de liberté?

Le lendemain, on visite une ferme modèle. Un guide, un jeune homme cette fois-ci, mais tout aussi convaincu, nous conduit en-dehors de la ville, en campagne évidemment où l'on s'extasie devant une dizaine de vaches d'une écurie bien propre, des oies et des canards, et des poules qui picorent en liberté, et surtout devant un beau tracteur rouge, seul que nous ayons vu. (Mais il est vrai que, sinon pour le trajet de Hong Kong à Canton d'où nous avons pris l'avion pour Pékin, nous n'avons pas vu grand-chose de la campagne chinoise). Le guide s'extasie devant ce symbole du Progrès.

- Que c'est beau, n'est-ce pas?

Bien sûr, nous admirons comme il se doit. Il était si enthousiaste, ce jeune guide et je me demandais comment il nous voyait. Nous étions jeunes, pouvant nous permettre un voyage dans un pays de toute évidence très éloigné du nôtre, et donc n'étions-nous pas de cette classe opulente qui opprime le peuple? Je n'ai jamais ressenti aucune animosité; seulement une immense fierté, voire supériorité, et à la foi d'airain en l'idéologie du pays. Évidemment on n'allait pas nous fournir un guide aux convictions chancelantes.

De Pékin, nous avons pris le train pour Nankin, l'ancienne capitale. J'ai perdu mon foulard; un joli foulard Christian Dior. J'étais pourtant sûre de l'avoir laissé sur la table, dans notre chambre. Au moment de quitter l'hôtel, il n'y était plus. Je le regrette, mais en prends mon parti; les aléas du voyage.
Le train est sur le point de partir lorsque je vois arriver notre guide courant à toutes jambes sur le quai, tenant mon foulard à bout de bras. Il me le passe par la vitre baissée.
- Où était-il? dis-je, ravie.
- Sur la table, dans votre chambre.
Je ne saurai jamais ce qui s'est passé, mais en Chine, rien ne se perd.

Pékin - Nankin: quelque mille kilomètres. Le train roule à une vitesse moyenne. Par moments passent, devant la fenêtre, des volutes de fumée. La ligne n'est pas électrifiée et le train roule au charbon dont la Chine dispose en abondance avec les gisements du Ho-pei et du Chan-si notamment qui ont grandement contribué au développement de l'économie et de l'industrie du pays.
Comme on peut prendre un repas dans le train, un employé nous remet un menu, tout en idéogrammes chinois. Alors Dante dessine quelques légumes et on imite le cri d'une poule, le beuglement d'une vache, ce qui fait rire aux larmes l'employé. Il est bientôt rejoint par un autre. Serait-ce un traducteur? Non, il est juste là pour s'amuser, lui aussi. Plus tard on nous montre sur un plateau des légumes crus, deux cuisses de poulet, des œufs. "C'est bien ça?" "Oui, oui, c'est parfait." J'ai l'impression que nous sommes extrêmement privilégiés.

On passe la nuit dans le wagon et là aussi nous avons le compartiment pour nous. On dort comme on peut et au matin, après une toilette sommaire aux petits lavabos du train, on voit un soleil tout neuf éclairer une campagne légèrement vallonnée. On passe des villages à toits de chaume. Des gamins, les joues rouges comme des pommes, y jouent, comme tous les gamins du monde. Un paysan laboure son champ: deux bœufs tirent sa charrue, et lui marche à côté, une cape de paille sur les épaules. Sur un chemin de terre battue passent deux femmes, un ballot sur la tête, la longue jupe de laine soulevant un peu de poussière à chaque pas. Des peupliers bordent le chemin. Plus loin, un saule aux rameaux tombants pleure sur un bout de rivière. À Tainjin le train s'arrête. Une heure. C'est une grande gare à ciel ouvert, et du quai on nous propose de ces délicatesses aigre-douces que Dante aime beaucoup et que j'apprécie moins. Là comme ailleurs, des haut-parleurs diffusent la propagande et j'ai peine à me libérer de ce sentiment de contrainte qui pèse, dont on est envahi, imprégné. Partout on vous chante la beauté du régime, du système, on vous abreuve de statistiques - que nous devinons à défaut de les comprendre - des chiffres de production, certainement, des pourcentages comparés, en faveur de la "Chine nouvelle". On nie bien entendu les internements, les arrestations arbitraires, les camps de rééducation. J'étouffe dans ce pays où l'on a l'impression que tout ce qui n'est pas interdit est obligatoire. Et toujours sous le regard bienveillant de Mao-tse Toung dont le portrait orne tous les murs.

Dante aussi ne semble plus aussi convaincu. Tout est uniformisé, la pensée comme le vêtement: des salopettes bleues et des chemises blanches, quelconques. Je suscite de la curiosité avec mes jupes de couleurs et mes chaussures à talons. On me regarde avec étonnement, se pousse du coude pour me montrer à d'autres, mais sans m'importuner le moins du monde.

Back Lane
1960, Fan Ho, Photographer

Chapitre 6

Nankin, capitale du Kiang-seou est en 1966, avec alors un peu plus d'un million d'habitants, une ville moyenne pour les dimensions de la Chine. S'y trouvent les tombeaux des empereurs Ming. En visiteurs consciencieux nous décidons d'aller les voir, et sans guide pour une fois. Un cyclo-pousse nous y conduit et nous attend pour le retour.

C'est au bout d'une avenue dallée de larges pierres plates une sorte de Mausolée où reposent ceux qui, durant trois siècles, du 14e au 17e, régnèrent sur la Chine. Nous admirons le Mausolée, les tombes, puis retrouvons notre cyclo-pousse qui nous ramène. Par endroits, la route est montante et nous sommes grands, lourds, alors nous descendons du véhicule.

Il nous en est reconnaissant, mais dès que possible on reprend place et il pédale avec effort. La route est longue. Enfin on arrive. Il n'y a pas âme qui vive devant l'hôtel, l'avenue est vide. Dante paie la course et pour l'effort donne un pourboire. Quelques yuans. L'autre hésite, puis empoche. C'est bien. Il l'a mérité.

Le soir, nous prenons notre repas - du riz, toujours, des légumes pas trop cuits pour qu'ils gardent leurs vitamines, et du thé. Peu ou pas de viande. Nous sommes dans une sorte de réfectoire où mangent aussi les employés: le responsable, les femmes de chambre, des porteurs et quelques ouvriers.

Notre chambre n'offre pas un grand confort. Il y a un lavabo et l'eau courante, mais pas d'eau chaude. On se lave à l'eau froide. Et la toilette à l'étage. Et aucune de ces attentions que l'on trouve généralement dans les salles de bain de nos hôtels: savonnette parfumée, petits flacons de shampoing, de lait pour le corps ou dentifrice. Mais on dort très bien néanmoins.

Le lendemain, notre guide est là, ravi. Il a trouvé une plantation de mûriers et donc les vers à soie. (Dante en effet avait exprimé le désir de voir l'origine des soies et des brocarts). Il va nous y conduire, mais tout d'abord:

- Vous avez donné trop d'argent, hier, au cyclo-pousse.

Et il nous remet le montant que nous avions laissé comme pourboire. Avons-nous causé du tort? Mais comment la chose s'est-elle sue?

L'œil est partout, qui observe, toujours. C'est pesant. Puis il a, lui aussi, quelques éloges à exprimer sur la Chine nouvelle:

- Avant, dit-il, les ouvriers gagnaient si peu qu'ils n'avaient pas de quoi vivre. Beaucoup n'avaient pas de travail. Les enfants devaient mendier, dans les rues. On écoute son petit discours bien appris.

Dans l'exploitation, les mûriers forment de grands espaces d'arbrisseaux et sur leurs feuilles glissent des chenilles, les bombyx, laissant une traînée lumineuse qui deviendra le fil de soie.

- Combien y a-t-il d'ouvriers? demandai-je.

Il ne sait pas au juste, ou peut-être ne veut-il pas nous répondre. Trop, pourrait laisser supposer des salaires insuffisants; trop peu, que l'on exploite la main d'œuvre. En revanche, il insiste sur le sourire des ouvriers. On travaille dans la joie, pour le triomphe de la Chine nouvelle.

Si à Nankin nous avons vu l'origine de la soie, à Wusi, à quelque cent kilomètres plus à l'est, nous voyons les filatures. Sur les métiers à tisser, la navette va et vient, et je me demandai pour qui étaient ces soieries et ses brocarts que personne ne porte. Pour l'exportation, probablement, pour ces capitalistes dont nous faisons partie. Plus loin, des brodeuses dessinent à petits coups d'aiguilles des paysages ou des portraits. L'une d'elles, tirant un fil fin comme un cheveu, dessine sur l'étoffe le portrait de Lénine.

- Avant, nous dit la guide, elles travaillaient dans des ateliers si sombres que beaucoup devenaient aveugles.

Oui, certes, il y avait une misère terrible et de criantes inégalités, ce qui engendre les révolutions comme celle qu'ont connu mes parents en Russie en 1917. Pourtant, si pour beaucoup les conditions nouvelles étaient un progrès, n'étaient-elles pas, en contrepartie, un poids lourd et difficilement supportable? Le progrès matériel devait-il obligatoirement étouffer la pensée? Le régime ne pouvait-il pas s'accommoder d'une idéologie plus tolérante, plus ouverte? Craignait-on, à ralentir l'allure de cette marche forcée vers le bonheur, d'en entraver l'accès, ou pensait-on, grâce au petit livre rouge de Mao-tse Toung, avoir atteint ce nirvana, ce septième ciel dont seuls quelques esprits subversifs, à extirper jusqu'à la racine, empêchaient la pleine réalisation? On avait uniformisé le mode de vie, le vêtement, les conditions sociales. Cela ne suffisait pas. Il fallait encore, voire surtout, uniformiser la pensée.

J'étouffais dans ce pays, et même Dante, si convaincu au départ, en était revenu de ses idées de bonheur universel, de ce merveilleux communisme qui, pour beaucoup en Occident, signifiait encore "Moi j'aurai la voiture du patron, et il aura ma bicyclette." Non seulement tu n'auras pas la voiture, mais tu ne pourras plus, après le travail, taper le carton avec les amis et rire ouvertement d'une remarque ou d'une initiative de tel dirigeant, ou t'en plaindre, le cas échéant. Or, si je déplorais la mainmise du gouvernement sur la population, en revanche j'admirais la patience des Chinois, comme si là le temps ne se comptait pas en années ou en décennies, mais en siècles, l'incroyable patience chinoise qui permettait non seulement la construction d'une Grande Muraille, mais celle de ces interminables rouleaux de parchemin où se peignait, à l'encre de Chine justement, une part de la longue Histoire du pays. Et dans toute boutique d'objets anciens, à Pékin ou à Shanghai comme à Wusi ou à Canton, l'antiquaire défaisait pour nous le nœud du petit cordon qui retenait le rouleau et le laissait se déployer devant nous.

- Good price, Missie, very good price.

Et je demandais en riant si ce "good price", ce bon prix, était pour lui ou pour nous. "Good price for you!"

- No, no, Missie. Good price for you!

Or dans la Chine nouvelle, on ne marchande pas. Les prix sont censés être justes d'emblée et je me demandais comment, entre autres contraintes, le gouvernement était parvenu à enrayer cette pratique si naturelle pour tout Chinois et que chaque commerçant avait plus ou moins dans le sang. À Hong Kong, le marchandage faisait partie, fréquemment, des plaisirs de la transaction; à l'exception, bien sûr, des grands magasins ou des boutiques ayant pignon sur rue, où les prix étaient fixés et le marchandises à prendre ou à laisser. Partout ailleurs les ventes donnaient lieu à ces discussions, souvent très gaies.

À Wusi comme ailleurs, les petites maisons de thé, symboles d'oisiveté et de privilèges, sont fermées.

Nous arrivons à Shanghai.

Dès le premier abord, on a la certitude d'accéder à une grande ville, non seulement par sa superficie ou le nombre de ses habitants, mais par son rayonnement et l'influence qu'elle exerça sur la province, voire sur le pays tout entier. Or contrairement aux villes de moindre importance et à leur larges avenues souvent vides, exemptes de trafic sinon pour les groupes de bicyclettes, les cyclo-pousses toujours, et de loin en loin quelques voitures, et où l'idéologie m'avait paru plus souple comme si le gouvernement y avait quelque peu relâché son emprise, là en revanche le communisme de Mao-tse Toung, la contrainte, l'intolérance, pèsent de tout leur poids. Pourtant subsistent encore à Shanghai les témoignages d'une ancienne opulence.

Le long du Bund, ce quai qui borde le Yan-tse Kiang - le fleuve Yantse - se dressent les hauts bâtiments dont on devine, telle qu'elle devait être au début du 20e siècle, l'élégance désormais surannée. Partout, j'ai suscité de la curiosité. On me regarde, on se pousse du coude pour m'indiquer à d'autres, et on rit, la main sur le visage, mais sans plus. Or à Shanghai, on me suit. Cinq ou dix personnes d'abord, puis le cortège grossit. Bientôt j'ai vingt, cinquante personnes derrière moi. Puis cent, deux cents. Aucune animosité, seulement un immense étonnement, comme si j'arrivais tout droit de la planète Mars. Dante, que cette foule importune, a traversé et marche parallèlement à moi de l'autre côté de la rue. Lui, on le laisse tranquille. À l'entrée d'un parc payant, la foule s'agglutine au portillon, mais ne va pas payer pour entrer et je suis provisoirement débarrassée de ma traîne. Or bientôt c'est dans le parc qu'un nouveau cortège se reforme.

L'idéologie, la contrainte, la curiosité que je suscite, tout me pèse. Je commence à être sérieusement lassée de la Chine et lorsqu'un vol de retour nous ramène de Pékin à Canton, et que de là, le train roule vers Lo Wu, la frontière, je n'ose plus penser. Qu'on avance, seulement qu'on avance, que chaque tour de roue nous rapproche de ce passage d'un monde oppressant à un autre où l'on ose rire, parler, être soi-même, dire ce que l'on pense. Est-on jamais conscient de la chance qu'on a de vivre de ce côté de la barrière? Et le train roule, roule, on approche, encore dix minutes, cinq, on ralentit, le train s'arrête. Lo Wu. On est sur le point de passer d'une gare à une autre. D'un monde à un autre. Je me fais insignifiante. Inexistante. Passeports. Le douanier, sévère, inspecte. Ne nous aime pas. Nous quittons son pays. Va-t-il l'apposer, ce tampon? Il a la main en l'air. J'attends. Enfin il donne ce coup qui marque les documents et nous libère. Comme à l'aller, on passe à pied d'une gare à une autre. D'un monde à un autre. C'est fait. On quitte la Chine. Et alors que le petit tortillard traverse les Nouveaux Territoires vers Hong Kong, que les mêmes paysannes prennent place avec leurs paniers à choux et leurs cages à poulets, je sens soudain que la chape qui pesait est levée, que le poids oppressant n'existe plus, que j'ose rire, parler, être moi-même, que je retrouve, en un mot, la liberté.

La vie avait repris à Hong Kong, libre, plaisante. Quel bonheur de retrouver notre petit Frédéric, garçonnet qui riait de toutes ses petites perles de dents. Mami et Daddy sont là. Il est heureux. Comme si nous avions jamais voulu l'abandonner. Je l'embrassai, le serrai dans mes bras. Dante en voulait sa part, portait son fils, le tenait tout contre lui. "Big boy!" Bientôt suivit une longue phrase en cantonais, la langue chinoise du sud, à laquelle Dante et moi ne comprenions rien, mais en laquelle Frédéric, petit bonhomme, s'exprimait avec aisance et avec toute la verve d'un enfant de quatre ans. Et je regrette que ce savoir ne lui soit pas resté. Nous sommes partis trop tôt. Les ahmas aussi étaient heureuses, Ahoi, Ayeng. Oui, tout s'était bien passé, mais elles étaient très contentes de savoir que leur responsabilité prenait fin quoiqu'avec un peu de regret. Elles s'étaient attachées à l'enfant qu'il fallait maintenant rendre à ses

parents. Mais ce n'était qu'une restitution intermittente. Elles continueraient bien sûr à voir Frédéric, Ahoi surtout dont je n'avais pas l'intention de me séparer. Elle me demanda en riant:
   - 'You see motchatoun?
   Je n'avais pas compris. Elle dut prendre mon silence pour de la réprobation. Oh, Mao-tse Toung. Je compris trop tard. Non, je n'ai pas vu Motchatoun, mais des portraits en maints endroits: gare, aéroport, arrêts d'autobus, hôtels et restaurants.

   Bientôt je repris les cours à l'Alliance Française, mais n'y allais plus avec enthousiasme. En fait, j'étais passée par trois phases: d'abord, la crainte, ce trac qui m'avait paralysée. Puis peu à peu l'aisance, l'assurance, qui me faisaient aller à ces cours avec plaisir. Je n'avais plus la peur du début, étais sûre de moi et aimais l'enseignement, parlais gaiement avec les étudiants, ce fut la période la plus heureuse. Mais bientôt l'ennui. Ces cours étaient répétitifs, je savais déjà les phrases que j'allais dire, connaissais par cœur les textes à étudier et les cours me parurent alors d'une pesante monotonie. Je n'en pouvais plus. Pour m'encourager je pensais à l'argent que je gagnais, mais cela n'était pas un stimulant suffisant pour compenser cette lassitude qui faisait de chaque cours un long effort, pesant. Il me faudrait vraiment trouver autre chose. Traductrice peut-être. Traduire quelqu' ouvrage d'anglais, d'allemand, d'italien ou d'espagnol, en français. Du russe même, quoique ma lecture du russe était très lente et je n'aurais pas été sûre de saisir toutes les nuances du texte. J'en étais là de mes réflexions lorsque je reçus ce coup de téléphone de Egle Cabella qui m'annonçait qu'un hôtel de luxe sur la Riviera italienne, l'Imperial Palace, cherchait un Directeur. Dante serait-il intéressé?
   Oui, oui, j'étais tout excitée et Egle ne l'était pas moins à l'autre bout du fil. Elle m'appelait d'Italie et j'étais touchée qu'elle et Franco aient pensé à nous de si loin et se soient donné la peine de nous appeler. J'en parlai de suite à Dante qui fut d'emblée intéressé. Il prit contact avec les Italiens et obtint un contrat. Ainsi sous peu nous partirions pour l'Italie, pour Santa Margherita Ligure - un nom si long pour une si petite ville, ravissante d'ailleurs, sur les bords de la Méditerranée, qui cependant au début me parut si calme. L'Orient me manquait. J'essayais de chasser cette nostalgie qui me prenait, et peu à peu j'allais beaucoup l'aimer, cette petite ville.

   Au Mandarin, nous fîmes nos adieux à tous ceux que nous avions connu, le personnel des divers départements, et bien sûr à Rudi et Erni Koeppen avec qui nous avions été très liés. Rudi, surtout semblait très affecté. Dante et lui avaient, pendant quatre ans, occupé le même poste, en alternance, mais ils se voyaient chaque jour et s'étaient mutuellement appréciés. Rudi était ambitieux - il occuperait plus tard de hautes fonctions - or là, nous partions et lui restait. Et j'avais l'impression en outre qu'entre Erni et lui les choses n'étaient pas toujours au beau fixe. Entre Dante et moi non plus d'ailleurs, mais je le dissimulais mieux. Il fut amusant de voir plus tard, lorsqu'ils vinrent en Italie, à l'Imperial Palace que Dante dirigeait, que Erni et Dante étaient toujours ensemble, et ainsi Rudi et moi aussi, ce qui n'était pas pour me déplaire.

Il m'est arrivé, à quelques reprises, de me demander quelle aurait été la carrière de Dante s'il ne m'avait pas rencontrée. J'y ai tellement contribué - par lettres, par les contacts pris ainsi, par ma propre ambition. «Tu l'hai aiutato» (tu l'as aidé) me dit un jour sa mère, et je fus touchée qu'elle l'ait reconnu. Oui, j'ai aidé, j'ai contribué, j'ai poussé la roue. J'ai souvent jugé pour lui, lui ai évité des erreurs sans même qu'il s'en rende compte. Mais les erreurs, les maladresses, étaient toujours plus rares. Il était intelligent, vif d'esprit, mais il y avait des bases qui lui manquaient, des études plus poussées, des exigences dans le comportement, et ces manques-là, datant des années formatives, je n'aurais pas su les combler. J'ai essayé, plus tard, de lui faire suivre des cours par correspondance, mais cela dura ce que durent les roses. Il était adulte, il avait un métier - qu'il exerçait fort bien d'ailleurs - et ces velléités de formation intellectuelle paraissaient bien vaines et superflues.

Bettmann, via Getty Images

Chapitre 7

De Hong Kong, nous fîmes un voyage de retour par Tokyo, les îles Hawaï, Los Angeles et New York, avant l'Europe, bouclant ainsi un premier tour du monde.

À Tokyo, nous descendîmes à l'hôtel Okura dont Dante connaissait le Directeur qui nous fit donner une suite. Là aussi, nous étions privilégiés. Pourtant à Tokyo je fus choquée par la multitude: du monde, du monde partout, à vous décourager d'être humaine, d'avoir aussi, comme ces foules innombrables, deux bras, deux jambes, un corps et une tête. Des connaissances vinrent un soir nous chercher pour un repas dans un restaurant typiquement japonais.

- Dépêche-toi, dit Dante. On peut pas les faire attendre.
- J'arrive, Dante.

Cesserait-il un jour de me houspiller, de mettre cette constante pression sur moi? Comme si souvent, je chassai ces idées de mon esprit. "Calomniez, calomniez, disait Voltaire. Il en restera toujours quelque chose." Chassez, chassez les pensées négatives, il en restera toujours quelque chose.

Dans le restaurant on est assis par terre, sur des coussins, devant une table qui ne se dresse qu'à quelques centimètres au-dessus du sol, avec une plaque tournante où, d'un léger mouvement du poignet, on fait venir à soi les mets que l'on souhaite goûter. Plusieurs de ces restaurants se sont ouverts en Europe aussi et s'ils sont toujours plaisants, suscitant la convivialité, ils ne constituent plus une grande nouveauté.

Je n'ai pas connu assez du Japon pour en apprécier toute la finesse, la délicatesse, la subtilité. J'ai admiré l'impeccable propreté de ces intérieurs aux portes coulissantes, aux sols parcheminés – on laisse ses chaussures à l'extérieur - et aux meubles bas où tout semble miniaturisé: le mobilier comme les coupelles ou les assiettes de poupées. Et la courtoisie japonaise, cette façon de s'incliner, mains jointes, pour saluer ou souhaiter la bienvenue. Même les mets sont présentés avec un extrême raffinement et un agencement des couleurs qui en font de petits tableaux. La langue aussi a des inflexions plus souples que le chinois - le cantonais ou le mandarin.

Néanmoins je préfère la culture chinoise à ce qui me paraissait être l'onctuosité japonaise où l'on côtoie les extrêmes: toute la souplesse et l'amabilité du monde, mais aussi une implacable détermination. Les

Japonais travaillent, et travaillent bien, à preuve, les voitures japonaises par exemple, qui ont envahi les marchés occidentaux et font une sérieuse concurrence aux marques allemandes, françaises ou italiennes. J'étais frappée par le contraste entre la dureté ou l'insensibilité de certains aspects de la culture japonaise – tels qu'ils s'étaient manifestés par les guerriers samurai du siècle précédent, ou, plus actuels, par ces "kamikazes" qui n'hésitent pas à sacrifier leur vie pour leur pays - et d'autre part par l'extrême raffinement des coutumes vestimentaires, alimentaires ou intellectuelles.

- A choisir entre les cultures, chinoise ou japonaise, Dante, je préfère la culture chinoise, peut-être parce que je la connais mieux.

L'Okura est un très bel hôtel, et alors qu'un portier chargeait nos bagages dans le taxi qui nous conduirait à l'aéroport, le sous-directeur vint nous saluer. Nous l'avons remercié évidemment pour toutes les attentions dont nous avions été l'objet.
- Tu as vu son âge? me dit Dante plus tard.
- Oui; tu as une carrière plus jeune.

De Tokyo, volant vers les îles Hawaï, on passe la "date line", la ligne - factice évidemment – de changement de date. De l'Europe, volant vers l'Est, on perd toujours quelques heures, jusqu'à un total de 24 heures que l'on regagne d'un coup au-dessus du Pacifique, entre le Japon et les îles Hawaï. Ainsi, nous sommes partis un dimanche soir de Tokyo, avons volé pratiquement toute la nuit, et sommes arrivés à Honolulu dimanche matin!

À Honolulu, nous sommes descendus dans un très bel hôtel dont j'ai oublié le nom. Une allée bordée de palmiers y conduit et j'admirais le soin avec lequel les chemins et les pelouses étaient entretenus. Jackie Kennedy, entre autres personnalités, venait d'y faire un séjour.

Comme si souvent, je pensai "Si seulement j'avais pu faire ce voyage avec un homme plus fin, plus instruit!" Et comme si souvent aussi je chassai ces pensées de mon esprit. Mais comment l'amener à plus de sensibilité, plus d'altruisme. La plupart de ses phrases commençaient par: "Moi, je ... " et tout devait toujours tourner autour de lui-même, ce qu'il voulait, ce qu'il trouvait, ce qu'il ferait, et ses pensées n'étaient pas toujours enrichissantes; il s'agissait souvent de critiques, et les endroits les plus beaux en étaient assombris.

À Hawaï, je profitais de la piscine de l'hôtel. Sur le bikini, je portais une longue pièce de tissu nouée à la taille, formant une jupe. Jeune, belle, privilégiée, faisant avec mon mari un voyage extraordinaire, toujours dans de beaux hôtels et dans ces lieux paradisiaques, qu'avais-je donc à ressentir cette amertume qui cachait mon soleil? Je me raisonnais, me sermonnais. Oui, Boudy; je saurai t'apprécier, t'aimer, et jouir de toute la chance que j'ai de faire ce voyage.

À Hawaï, Dante m'acheta un "moumou", une de ces robes de couleurs vives telles qu'en portent les Hawaïennes, et tout autant certaines touristes, américaines pour la plupart, sur qui ces tissus à grosses fleurs rouges et vertes ne paraissaient pas très seyants. Quant à moi, j'étais ravie de mon "moumou". J'étais très mince et il m'allait bien.

Dans ces îles, la température est la même toute l'année, ni trop chaud, ni trop froid; or, quelqu'agréable qu'elle soit, elle devait être monotone, me semblait-il. J'aime la variété des saisons, même les rigueurs de l'hiver après lesquelles on voit avec plaisir la venue du printemps.

Nous avions été surpris par la petitesse de Wai-kiki. Les beautés de cette plage nous avaient été fréquemment mentionnées par les agents de voyages et les hôteliers et nous nous attendions à une spectaculaire étendue de sable, s'étirant à l'infini; or il ne s'agit que d'une très petite plage, tôt terminée par des rochers, puis des villas dont j'imaginais la très belle vue qu'elles devaient avoir sur l'océan.

À l'arrivée à Oahu, l'île principale, on se voit orné d'un collier de fleurs et deux ou trois Hawaïennes exécutent quelques pas de danse, se déhanchent pour vous en signe de bienvenue. J'ai moyennement apprécié cette mise en scène pour touristes et ai préféré, quelques années plus tard, l'arrivée à Tahiti sans collier de fleurs ni danses, mais où, me semblait-il, l'authenticité des îles était mieux préservée.

Dante n'est pas intellectuel et à peine arrivé dans un nouveau lieu, il doit sortir, voir, faire. Il lui faut du concret. Et alors qu'il arpentait les rues de Honolulu, j'aimais, moi, rester sur une plage, regarder vivre quelques autochtones et m'imprégner de l'atmosphère du lieu. Je voyais un jeune Hawaïen grimper lestement le long du tronc d'un cocotier, en faire tomber une ou deux grosses noix à l'écorce filandreuse, puis l'ouvrir d'un coup de machette et vous la proposer, toute blanche et laiteuse à l'intérieur. Il attend un ou deux dollars, bien sûr, que je lui donne volontiers. Je regardais les vagues dont le bleu plus intense, plus profond, me semblait révéler la puissance, l'immensité de l'océan. Sur ses reflets, le ciel se brise en mille morceaux en des éclats d'opale, brillants, qui s'éteignent sur le sable.

- Tu as passé un bon après-midi, Dante?
- Oui, oui, très bon.

Moi aussi. Merci de le demander.

- Ce soir, m'informa-t-il, il y a un spectacle à l'hôtel.

Ce furent, dans les jardins de l'hôtel, des danses hawaïennes où les artistes, vêtus de pagnes et de plumes et tenant un javelot, accroupis, redressés, pieds nus, tapent le sol du talon et hululent au rythme d'un tambourin, le tout éclairé par des feux dont les flammèches entourent la scène. J'ai été amusée par ce folklore évidemment conçu pour des touristes tels que nous.

Puis ce fut le vol vers Los Angeles, la cité des anges, une ville immense qui s'étire sur des kilomètres. Or comme tout touriste qui se respecte, nous avons vu, non loin, les studios de Hollywood, les décors de carton-pâte, des façades en trompe-l'œil, sans rien derrière, les bungalows de John Wayne ou de Gregory Peck. Un wagonnet tout ouvert nous fait faire un circuit au travers de ce monde où tout n'est qu'illusion, mais où, sur l'écran, les choses paraissent si vraies. Et je me demandais si j'aurais aimé faire partie de ce milieu du "show biz", de paillettes et de glamour où les sourires, les amabilités, les compliments, sont le plus souvent aussi factices que les façades. Ceci ne m'empêche pas de reconnaître le talent d'un Dustin Hoffman ou d'une Merryl Streep par exemple, des acteurs ou des actrices qui ne sont pas toujours d'une exceptionnelle beauté, mais d'un immense talent.

De Los Angeles, dans une voiture louée, nous avons roulé vers Las Vegas par le désert de Mojave et Death Valley, la Vallée de la Mort, où je ne pouvais pas faire trois pas hors de la voiture climatisée sans être étourdie de chaleur dans ce désert impitoyable qui porte bien son nom. Dans cette immensité de terre, de sable et de pierres où rien ne pousse à part quelques cactus épineux, aussi agressifs que le climat, je priais le Ciel que rien n'arrive à la voiture et que nous puissions quitter cet environnement si inhospitalier et retrouver sans encombre la civilisation.

En fait de civilisation, Las Vegas n'est qu'une succession de casinos où dans chaque salle, à chaque table, tout un monde suit avec anxiété le mouvement de la petite balle que lance le croupier. Elle tourne interminablement autour des chiffres pour la chance ou la déception des joueurs qui, bien sûr, récupéreront demain les pertes d'aujourd'hui. Je n'aime pas les jeux de hasard et ne comprendrai jamais que l'on puisse jeter sur un tapis vert l'argent du loyer ou de l'écolage des enfants. Les casinos existeraient-ils si les joueurs faisaient fortune? Bien sûr, il y a cette attente palpitante alors que la petite boule tourne autour des chiffres, mais ces moments de suspense ne peuvent pas compenser, me semble-t-il, les pertes inévitables que suscite cet asservissement au jeu.

Or, on ne peut pas être à Las Vegas sans entrer dans un casino. Dante et moi nous sommes donnés cent dollars à chacun, à qui les perdrait en premier. Il ne me fallut pas longtemps pour en faire cadeau au casino. Avec Dante, cela dura un peu plus longtemps, mais les jetons de couleurs furent eux aussi bientôt cueillis par le petit râteau du croupier. Nous avions fait notre expérience et c'était suffisant. J'étais contente de quitter la salle.

Pourtant dans ces casinos tout est fait pour vous retenir. Les salles sont agréablement climatisées alors qu'à l'extérieur il fait 40º centigrades. Aussi, on vous offre fréquemment une boisson fraîche, ou un thé ou un café, présentés par de ravissantes soubrettes en tenues légères, suggestives. Qui aurait envie de quitter ce paradis pour affronter les soucis et la canicule du dehors? C'est un paradis factice, là aussi, et tout tourne autour du dieu dollar.

Las Vegas, c'est une pléthore de lumières, de brillant, de clinquant, et dès la tombée du soir, les hôtels, les casinos et autres maisons de jeux y vont de tous leurs feux, clignotants ou permanents, de tous leurs néons et de toutes leurs couleurs. Les reflets d'une Tour Eiffel brillent sur un bassin et le long d'un canal s'élèvent, à intervalles réguliers, des jets d'eau multicolores.

- Avec toute sa brillance et tous ses attraits, Dante, Las Vegas est un monde d'illusions, de mirages et de rêves.
- Oui, mais c'est attirant. Et les Américains aiment ça. C'est riche. Dépêche-toi, on doit partir.

Mais quand cessera-t-il de me houspiller! Puis il s'apprêtait à porter les bagages.

- Laisse, Dante. Un portier s'en chargera.

Alors il m'en voulait. Madame qui a toujours raison. J'étais fatiguée de cette pression qu'il exerçait constamment sur moi. Quand acquerrait-il un peu plus d'égards?

Mon fils me manquait. Mon petit Frédéric. À Hong Kong, mon frère Paul était venu le chercher et je savais qu'à Beau-Chêne, la villa de Genève, entre mes parents et mes frères, il était sans aucun doute très bien.

Or pour l'instant, de Las Vegas nous arrivons à San Francisco. Notre hôtel est situé à Knob Hill, sur l'une des collines de cette ville que l'on visite par monts et par vaux. Une très belle ville d'où l'on a, presque de partout, une vue splendide sur le Pacifique. Bien plus tard, mon cousin André me demanda, un jour que je chantai les louanges de San Francisco, à quoi pouvait me faire penser cette ville. "À Lausanne" avais-je répondu en pensant aux collines de la capitale vaudoise. Les mêmes rues pentues, les mêmes dénivelés. Et je revois le petit tram qui monte, clochettes tintantes, les rues pentues de San Francisco, et le pont du Golden Gate joignant les deux rives de la baie qui, elle, débouche sur le Pacifique.

- Ce ne doit pas être déplaisant de vivre à San Francisco, Dante. Plus plaisant, je pense, qu'à Los Angeles qui s'étire interminablement. "Frisco", comme disent les Américains, est belle.

De là, nous prîmes l'avion pour New York. D'un côté, je regrettais un peu de survoler cet immense pays et de n'en avoir vu que des villes côtières et un peu du désert du Nevada, mais d'autre part aussi pas mécontente de quitter une terre aussi inhospitalière que le désert de Mojave ou la Vallée de la Mort où, parmi la terre, les pierres et les cactus, je m'étais sentie écrasée de chaleur.

Le vol est long de "Frisco" à New York. Il y eut certainement des escales, peut-être même changeât-on d'avion.

New York

Chapitre 8

Dès l'arrivée, je fus frappée par l'incroyable vitalité de New York. À peine débarqué de l'avion, on sent cette énergie, ce dynamisme; tout est plus rapide, vivant, vibrant, voire expéditif. Là, rien ne traîne. "Time is money".

- Plaza Hotel, dit Dante au chauffeur qui, d'emblée, le pied sur l'accélérateur, fonce, s'insinue dans le trafic, frôle des carrosseries, et passe.

- Dante, jamais je n'oserais conduire à New York.

- Ils ont l'habitude.

- Il faut des nerfs solides. J'aime mieux le rythme de Hawaï ou Bora Bora. Mais ici quand même, c'est exaltant.

Comme à Tokyo, c'est un enchevêtrement de routes surélevées, puis un pont, un tunnel, et le taxi fonce, connaît son affaire. Ici, tout est plus grand, plus puissant, plus rapide. New York, c'est un microcosme, un abrégé de l'univers. S'y reflètent toutes les tendances, les agressivités, les tolérances, toutes les coutumes et toutes les idéologies, les fortunes et les misères, toutes les ambitions, les volontés et les originalités du monde. Et l'on trouve tout à New York: des spécialités népalaises ou une fondue bourguignonne, un sari de Bangalore ou des culottes de cuir tyroliennes, et le long de la Cinquième Avenue, les boutiques où une simple robe, mais à la coupe étudiée et au tissu de valeur, coûte probablement plus qu'un salaire moyen.

- Moins il y a de choses en vitrine, dit Dante, plus la boutique est élégante. Et chère.

- Et les prix ne sont pas indiqués!

- Quel trafic! C'est fou, dit-il, portant son regard vers la rue.

Il est vrai que le flot des voitures est incessant sur ces rues à deux, trois, voire quatre voies. Je me souvins qu'à Tokyo, la portière d'un taxi s'ouvrait automatiquement, probablement actionnée par le conducteur. À New York, on ouvre la portière soi-même. Mais là s'arrête la différence, car que ce soit dans la capitale nippone ou à New York, le taxi file, fonce, et s'insinue dans une circulation aussi dense dans une ville que dans l'autre.

- Dante, pourquoi appelle-t-on New York "The Big Apple", la grande Pomme?

Il consulte son gadget, sa petite encyclopédie portative, mais n'obtient pas la réponse. Je regrette de n'avoir pas posé la question au chauffeur du taxi qui le savait peut-être ou qui, avec toute la verve des New-Yorkais, aurait inventé une réponse.

À New York, beaucoup plus qu'à Los Angeles ou à San Francisco, j'étais impressionnée par la hauteur de ces gratte-ciels qui hérissent la ville où l'horizon s'arrête.

- Pour travailler à l'une de ces constructions, j'imagine qu'il ne faut pas avoir le vertige.
- Ça donne le vertige rien qu'à les regarder, dit Dante.

Il est vrai qu'on se sent très petit à côté de ces géants de béton, de verre et d'acier, et impressionné aussi par l'incessant mouvement de la ville, par son gigantisme et par sa vie en accéléré. New York est puissante, vivante, vibrante, et dès la tombée du soir, alors que les dernières lueurs du jour s'éteignent, s'allument les feux de la ville, intermittents, constants, de toutes formes et de toutes couleurs, et le bruit ne faiblit pas. J'étais fatiguée. Quand même, j'ai apprécié autant que possible le spectacle que Dante et moi vîmes un soir à Broadway où, sur scène, les danseuses en tenue minimales forment un ou deux cercles, puis une ligne, et lèvent la jambe en parfaite synchronisation, toutes à la même hauteur et au même instant.

Or malgré l'intérêt du voyage, j'étais épuisée de toutes ces étapes, faire, défaire, refaire une valise, et tous les changements de climats, de nourriture, d'horaires, et de la pression que Dante exerçait souvent sur moi. "Dépêche-toi. On peut pas les faire attendre. Tu as les passeports. Tu as rien oublié. On n'a pas le temps. Ah, cette femme!" Comme s'il ne pouvait jamais compter sur moi. Et il vérifiait, contrôlait, faisait un tour de la chambre d'hôtel, de la salle de bain, important, fâché de ne rien trouver, puis s'apprêtait à sortir les bagages, se souvenait qu'un portier s'en chargerait.

- On devrait peut-être laisser quelque chose à la femme de chambre, Dante.

Alors il m'en voulait, irrité de n'avoir pas pensé à la chose. Et il sortait son porte-feuilles de ce gros sac noir qu'il trimbalait constamment.

- Appelle la réception, qu'ils envoient quelqu'un pour les bagages.
- Mais Dante, tu le leur as dit il n'y a pas dix minutes, répondis-je alors qu'on frappait à la porte.

Et tandis qu'à la réception Dante réglait la note, j'admirais l'immense chandelier du hall dont j'imaginais que le soir l'éclat de ses mille facettes devait se refléter dans les miroirs du hall et en accroître l'effet lumineux.

Je ne me souciais pas de l'argent, savais que nos moyens, s'ils n'étaient pas illimités, nous permettaient ce voyage et aussi qu'au bout de la route il y avait un nouveau poste pour Dante, de nouvelles responsabilités dans cet hôtel que je n'imaginais pas, la tête encore pleine des images et des impressions que nous vivions sur le moment. J'avais changé un billet de cent dollars en coupures de vingt et de dix à remettre au personnel: portier d'étages, femme de chambre, au porteur qui amenait nos bagages vers le taxi, et à l'aéroport pour l'employé qui chargerait nos valises sur l'un de ces chariots motorisés et généralement surchargés. Souvent j'avais pensé à notre petit Frédéric, petit bonhomme si merveilleux que j'avais hâte de revoir, ce garçonnet de trois ans qui me manquait. Dante aussi se réjouissait de retrouver son fils.

- L'avion part dans quatre heures, m'informa-t-il.
- Oh, on a beaucoup de temps. Je mangerais bien quelque chose.
- Oui, j'ai faim, moi aussi.

Avant le départ et l'accès à l'avion, nous pourrons donc prendre un petit "en-cas". Dans l'un des restaurants de l'aéroport qui, comme l'aéroport de New York, en compte plus d'un, nous nous sommes arrêtés le temps d'un bref repas.

- On nous servira sûrement quelque chose dans l'avion, Dante.
- Oui, mais seulement dans quatre heures.
- C'est vrai. Et quatre heures, c'est le moment du décollage.
- Surveille nos affaires, dit-il en se levant et en poussant du pied vers moi ce gros sac noir qu'il trimbalait toujours. Où allait-il? Je ne comprenais pas qu'il ait toujours quelque chose à faire ailleurs, et aussi qu'il se charge toujours de ce gros objet lourd, encombrant, inélégant. Acquerrait-il un jour un peu plus de finesse, d'élégance? Et d'altruisme aussi? J'étais fatiguée, mais je n'allais pas me plaindre de faire un si grand voyage.

C'était la dernière étape, de New York à Genève. Pourquoi est-ce qu'au cours de ce voyage je n'étais jamais parvenue à être pleinement heureuse? Il me fallait au contraire si souvent chasser de mon esprit des impressions négatives, de déception, voire de gêne, que je n'exprimais pas, refoulant toujours ces sentiments.

Le vol est long de New York à Genève et pourtant on survole toute une partie de l'Atlantique en une question d'heures.
- A l'époque, Dante, il fallait des jours, voire des semaines pour une distance qu'aujourd'hui on couvre en quelques heures.

Il ne répond pas. Je l'embête avec mes commentaires. Il est vrai que ma remarque n'a rien de très original et pourtant un voyageur qui m'a entendu, et qui comprend le français apparemment, me regarde et sourit.

Si seulement Dante pouvait réagir ainsi. Le plus souvent mes phrases se heurtent à un mur; et je suis si lasse de cette perpétuelle frustration, comme souvent aussi de ses attitudes de prolétaire. Une fois de plus, je chasse de mon esprit ces pensées négatives.

On nous sert un repas dans l'avion et nous avons même le choix entre deux menus. Je n'ai pas très faim, mais j'ai surtout hâte d'arriver et lorsqu'après que les plateaux des repas aient été retirés, que les petits volets des hublots aient été relevés et qu'on est priés d'attacher les ceintures pour l'atterrissage sur Genève-Cointrin, j'ai peine à croire à l'aboutissement du voyage.

On débarque, et dans le hall de l'aéroport, ils sont tous là: mes parents, mon frère Paul, et petit Frédéric. Quel bonheur de les voir, les embrasser, Mami, Papa, et petit Frédéric que je serre dans mes bras. Seul Georges, par monts et par vaux autant que nous, manque à l'appel, provisoirement j'espère.

- Alors, voilà les grands voyageurs! dit Maman, tout sourires.

Dante aussi est heureux, serre son fils dans ses bras, qui, lui, rit de bonheur. Paul me regarde:

- Tu as l'air crevée, dit-il.

C'est vrai que je dois avoir les traits tirés, marquée par tant d'efforts, de concessions. Et je suis touchée d'une remarque qui, même si elle n'est pas flatteuse, est dite pour moi, à mon intention, et prouve de la sollicitude. L'avantage de l'indifférence, longtemps ressentie, est que dès lors la moindre attention est perçue comme un cadeau. Je respire le bonheur d'être parmi les miens, dans la chaleur et la sollicitude de ma famille, et bientôt de revoir Tante Anne, petite tit'Anne qui a de la peine à marcher maintenant et que je serai aussi si heureuse d'embrasser.

On récupère les bagages, les charge dans l'Opel Kapitan et on s'engouffre dans la voiture que Papa conduit aussi mal que d'habitude. Je suis enchantée. C'est la famille, ma famille, telle que toujours et j'en suis toute émue. Et soudain, Dante me passe le bras autour des épaules. Lui aussi ressent ce bonheur d'être là, cette affection, cette chaleur, et ravive un amour que j'avais cru oublié. Boudy!

On arrive. Beau-Chêne. Qu'elle est belle, la maison. Je cours vers le perron, mes semelles crissent sur le gravier, monte les quelques marches, pousse la lourde porte de chêne et dans le hall elle est là, Tante Anne, petite tit'Anne, qui s'appuie sur une canne maintenant, dont je sais qu'elle cherche encore à se rendre utile dans la maison et que je suis si heureuse d'embrasser.

- Ach, comme je suis contente de te voir. Nou viens, viens, j'ai fait du thé.

Elle aussi commence toutes ses phrases par ce "nou" qui fleure bon la famille. Maman s'approche, charmante Mami, si fine, si instruite, qui si souvent a corrigé mes traductions de russe.

- Nou. Mariantchka, tu dois être fatiguée. Tante Anne a préparé ta chambre si tu veux te reposer.

Entre le thé que propose Tante Anne et la chambre que propose Maman, je suis entourée d'une sollicitude si affectueuse que je redécouvre.

À revoir Beau-Chêne, cette belle villa, je pense aux diverses propriétés qui ont été celles de la famille: la maison d'Oncle Martin, Roelbo, à Chambesy - à proximité de Genève - avec sa pelouse, son parc qui descendait jusqu'à la voie ferrée, tout en bas et dont, adolescente, j'aimais à faire le tour en une longue promenade, remontant vers les courts de tennis en passant par le verger, la maison du jardinier, celle de Louis, le chauffeur, la basse-cour et ses centaines de poussins, pour rejoindre l'allée centrale bordée de sapins qui conduit la maison de maître. Je pense à Mirival aussi, la propriété d'Oncle Édouard et de Tante Grete, sa femme, qui avait la passion des nettoyages et numérotait ses chiffons pour les passer dans le bon ordre. Mirival, à Cologny, dominait Genève avec une vue magnifique sur la ville, la rade et le bout du lac. Chaque année, le 12 décembre, elle et Oncle Édouard - qu'on appelait Oncle Édia - invitaient toute la famille pour fêter l'Escalade où la République de Genève avait victorieusement repoussé un assaut des Savoyards en 1885. Et le plus jeune - longtemps ce fut mon frère Paul - devait planter un couteau dans la grosse marmite de chocolat et ses légumes de massepain, et déclarer haut et fort "Qu'ainsi périssent les ennemis de la République." Après le décès d'Oncle Édia, Tante Grete maintint la tradition et nous aimions beaucoup nous retrouver tous, le 12 décembre, dans la grande salle à manger de Mirival.

Je pense à la propriété de la rue Charles-Galland aussi, un hôtel particulier avec ses hautes fenêtres, ses salons et sa salle à manger boisée, où vivaient nos cousins.

Que reste-t-il aujourd'hui de ces belles demeures? Roelbo existe encore, mais le terrain a été morcelé et s'y sont construites de nombreuses petites villas qui déparent l'ancienne beauté du parc. Beau-Chêne a été démolie. À la place de la maison et du jardin, il y a maintenant un immeuble de huit étages et une rue. Restent encore la fontaine qui se trouvait au bout du jardin, et le garage. La propriété de la rue Charles-Galland est aujourd'hui une banque, je crois, ou une ambassade. Mirival, à

Cologny, n'existe plus. J'ai vu les travaux ce démolition mais n'y étant jamais retournée, je ne sais pas ce qui y a été construit depuis.

Pour l'instant, je suis à Beau-Chêne qui existe encore et pour plusieurs années, Dieu merci. Et je retrouve ma chambre de jeune fille et son balcon qui donne sur le jardin.

Dante a hâte de partir et de retrouver les siens, ce que je comprends bien. Il s'en va seul; nous nous retrouverons plus tard et je reste avec mes parents et mon petit Frédéric que j'aime tant. Au fond, je ne suis pas fâchée de cet intermède qui me permet de me ressourcer. Plus de contraintes. Plus de "Tu es prête? Dépêche-toi. On peut pas les faire attendre. Tu as rien oublié?" Et si souvent un manque d'égards qui me blessait. Déjà il me semble que je n'ai plus les traits aussi tirés qu'à l'arrivée.

En face de la maison, il y a ce parc dont un Monsieur Bertrand a fait don à la ville et qui porte son nom. J'aime beaucoup m'y balader avec un livre, m'asseoir sur un banc et bouquiner un moment. Pourtant, l'Asie me manque. N'entendre et ne parler que du français m'attriste un peu. J'aimerais tant réentendre de l'anglais et même - voire surtout – ce "Pidgeon English" de Ahoi. "You no touchy, Missie. My maky."

Dante s'est rendu seul dans son village d'abord, puis est descendu vers cet hôtel du bord de la Méditerranée, cet Impériale Palace qu'il allait diriger; il est remonté ensuite sur Genève pour nous chercher, Frédéric et moi.

- Tu aurais dû voir, me dit-il en arrivant. Il n'y avait personne sauf un jardinier, Ambroggio. Je lui ai dit "Je suis le nouveau directeur", il m'a regardé comme si je tombais de la lune.

J'ai ri. J'ai imaginé son arrivée dans cet hôtel fermé, vide, et une station du bord de mer, assoupie.

- La Belle au Bois Dormant? Et comment est l'hôtel?
- Il est beau, grand, mais tout fermé. C'est un peu triste.

J'ai pris congé de ma famille, ai promis de donner de mes nouvelles bientôt, et nous sommes partis tous trois pour Santa Margherita Ligure, un nom bien long, vraiment. Dante conduit bien, une Chrysler, une belle voiture, récemment acquise.

De Genève, on descend sur Turin, puis par Alexandrie, vers le Golfe de Gênes et Santa Margherita qui n'est qu'à quelques kilomètres de Gênes. Et je découvris un peu de cette petite ville qui, en ce début d'avril paraissait encore si calme, mais qui, avec la venue de la haute saison, allait bientôt s'animer, tous les magasins s'ouvrir et rester ouverts de longues heures, et les terrasses et les trottoirs devant les cafés se garnir de tables et de chaises. La circulation aussi allait s'intensifier avec parfois ces motos passant à toute allure dans un vrombissement à vous casser les oreilles, digne d'Indianapolis. Je me réjouissais de cette animation, de toute cette vie qui reprenait.

Or en ce printemps de notre première saison à Santa Margherita, je sus que j'attendais un deuxième enfant.

- Oui, Dante. C'est sûr. Le médecin l'a confirmé.

J'étais heureuse, et Dante aussi. Frédéric avait trois ans, et à la fin de l'année, il aurait un petit frère ou une petite sœur. J'espérais une fillette, mais comme lorsque j'attendais mon fils, je me raisonnais. Si ce devait être un deuxième garçon, je l'aimerais de tout cœur aussi, évidemment. Mes réflexions étaient les mêmes que lorsque j'attendais Frédéric, sauf qu'alors j'espérais un garçon.

Dante avait le passeport italien, vert. J'avais, moi, gardé la nationalité suisse, et donc un passeport rouge. Et Frédéric, né à Hong Kong, avait le passeport britannique, bleu. Et je me demandais si pour ce deuxième enfant, je n'allais pas passer la frontière, à Vintimille par exemple, et par la naissance de l'enfant en France, ajouter une quatrième nationalité à la famille, et un passeport d'une quatrième couleur. Lorsque plus tard je passais la frontière avec les deux enfants, montrant des passeports de trois couleurs, le douanier me regardait avec étonnement. "Et c'est une famille, ça?"

Santa Margherita, Italie

Imperiale Palace, Santa Margherita

Chapitre 9

Pour l'instant, comme j'acquérais déjà des rondeurs qui révélaient mon état, on me demandait trois fois par jour: "C'est pour quand?" "Début décembre." "Oh, vous êtes déjà assez forte. Est-ce que ce sera des jumeaux?" "Non, non." J'étais ennuyée de ces questions, qui révélaient une curiosité gênante. Adrienne naquit le 30 novembre. Or ce n'était plus le Canossa Hospital de Hong Kong aux chambres claires, spacieuses, avec vue sur la baie, mais un hôpital qui me parut moyenâgeux avec son escalier aux marches usées et aux étroits couloirs, où j'eus droit néanmoins à une chambre individuelle, mais minuscule, avec tout juste la place pour le lit et un berceau.

- Una bambina, fit l'infirmière déçue à la naissance de ma fillette. Le personnel de l'hôpital en avait assez de ne mettre que des rubans roses sur les berceaux. Quant à moi, j'étais ravie, heureuse.

Dante aussi était heureux de cette naissance, de celle qu'il appellerait bientôt sa "Tchitchina'... Après une semaine, je quittai l'hôpital.

L'hiver est très doux à Santa Margherita et ne requiert qu'un manteau mi-saison, mais certes pas d'épais lainages ou de fourrure et dès lors, avec ma silhouette retrouvée, j'aimais me promener dans les ruelles si pittoresques de la petite ville, poussant le landau où dormait ma fillette, longeant le bord de mer puis atteignant, devant l'église, la place pavée de gros galets arrondis. Parfois on me reconnaissait: la femme du "Direttore de l'Imperiale" et j'en étais ravie, avec un sentiment d'appartenance.

À la fin de ce mois d'avril, je fêtai mes trente ans. Or comme Dante n'y avait pas pensé – dans sa famille on fêtait très peu les anniversaires - et que moi, dès lors, j'avais retrouvé ma silhouette, je pris l'initiative de m'acheter un ensemble blanc, pantalon et tunique, et fis envoyer la facture à l'Imperiale. Mais j'en informai Dante. Il fut très mécontent. Alors je me fâchai.

- Dante, j'ai trente ans aujourd'hui. Tu n'y as même pas pensé, et je ne te demande jamais rien. Alors aujourd'hui j'ai pris l'initiative, pour une fois, de m'acheter un ensemble que j'aurai souvent l'occasion de porter. Tout de même!

- D'accord, d'accord. Je ne sais seulement pas comment je vais payer.

- Tu ne sais pas comment tu vas payer? Tu reçois de gros salaires; nous vivons à l'hôtel et n'avons aucune dépense; tu ne me donnes pas un sou, et tu ne sais pas comment tu vas payer?!

Dès lors, il me remit la généreuse somme de 40 mille lires par mois, soit au taux d'alors environ 280 francs suisses, à charge pour moi, avec ce montant, de couvrir les besoins des enfants et les miens. Lui-même touchait l'équivalent de 5 a 6 mille francs suisses. Ce n'était pas chez Dante de l'avarice, mais le besoin de tout gérer, d'avoir la haute main sur tout.

- Dante, qu'est-ce que tu fais avec ton argent? Tu as toujours l'air de ne rien avoir.
- T'occupe pas de ça.
- Comment "t'occupe pas de ça"? Mais ça me concerne aussi, tout de même!
- Tu as tout ce qu'il te faut, non?
- Oui, bien sûr.

Combien il m'avait fallu batailler pour obtenir le faible pourcentage qu'il consentait à me donner.

Or le soir, je le voyais faire le tour de l'hôtel, incluant les parties réservées au personnel, et éteindre les lumières superflues. Il y avait un tel contraste entre sa gestion si attentive, si scrupuleuse du budget de l'hôtel, et celle si indifférente de nos fonds privés. Or l'une n'excluait pas l'autre, me semblait-il. Mais très vite je n'y pensais plus. J'étais très privilégiée. Nous vivions dans un cadre magnifique et l'Imperial Palace méritait bien son nom. On y accédait par une allée gravelée, bordée de talus et de pelouses soigneusement entretenus par plusieurs jardiniers, dont Giulio avec qui j'échangeais souvent quelques mots. Devant l'entrée principale, le Signor Maurizio, concierge, important dans sa veste noire à clefs d'or sur les revers, accueillait tout sourires les nouveaux arrivants et houspillait son petit monde de porteurs et de bagagistes.

Le bâtiment lui-même était beau et quoique d'une architecture ancienne, plus élaborée, qui peut paraître démodée, il avait, et gardera toujours je pense, cette élégance des grands bâtiments du début du 20e siècle.

Passée la porte principale, dans le hall spacieux et son grand chandelier aux multiples facettes, se trouvait à droite le comptoir du concierge et en face celui, plus long, de Monsieur Zumofen, chef de réception et d'une ou deux secrétaires en tenue seyante, veste et jupe bordeaux et blouse blanche. Plus loin, les ascenseurs et, de part et d'autre, un large escalier recouvert de moquette. Au-delà du hall on accédait au restaurant, généralement vide ou presque en milieu de journée, la clientèle préférant le restaurant de la plage, sa terrasse, ses parasols et sa proximité de la mer dont la vue s'étend jusqu'à l'horizon où ciel et mer se confondent dans le même bleu.

On atteignait ce restaurant plus bas, après une promenade de six à sept minutes le long de l'allée qui sinuait à travers les jardins, passée la piscine où Piera, la "bagnina", veillait à la propreté des cabines et distribuait les linges ou les étendait sur les chaises longues. De là, on accédait au bar de la plage, sa terrasse tout ouverte, dominant la Méditerranée. Là, c'était le domaine de Elio. Ah, Elio. C'était l'âme de la plage.

- Elio, un jus de pamplemousse, *per favore*.
- Elio, un Coca-Cola.
- Bien sûr. Champagne americano pour *la Signora*.

En début de saison, les choses étaient encore relativement calmes, mais déjà commençaient à s'animer.

- Piera, *per favore*. Pouvez-vous me redresser un peu le dossier de la chaise longue?

Et Piera redressait ledit dossier de un ou deux degrés.

- Piera, j'ai trop de soleil!

Et Piera changeait l'inclinaison du parasol.

- Elio, *un succo di pompelmo, per favore*.

Et Elio préparait un jus de pamplemousse qui, bien sûr, devait être rosé. Puis de son bar il montait l'escalier en colimaçon vers la piscine, le plateau à hauteur d'épaule, et déposait des boissons polychromes pour ces personnes. Et lui aussi changeait l'inclinaison du parasol de un ou deux degrés.

- Le beau soleil d'Italie! Mais comme de toutes les bonnes choses, il ne faut pas en abuser. Vous le savez mieux que moi, *Signor Dottore*, non?

Et il partait de ce rire qu'on entendait de la plage à l'hôtel.

De partout, il y avait une très belle vue sur la mer.

A cette époque s'amena à l'hôtel un pauvre diable qui demanda à voir le Direttore. On l'introduisit dans le bureau de Dante.

- Un travail, *Signor Direttore*. Je ferais n'importe quoi. (Il triturait sa casquette.) N'importe quoi, *Signor Direttore*.

Dante réfléchit.

- Vous savez conduire?
- Oui, *Signor*.
- Et vous avez le permis?
- Oui, oui, j'ai le permis.
- Alors voilà. J'ai besoin d'un voiturier pour garer les voitures des clients. Et aussi pour les conduire jusqu'au bar de la plage et retour. Cela vous fera en plus quelques pourboires.

- *Oh, grazie.* Merci, merci, *Signor Direttore.*
Éperdu de reconnaissance, il ne trouvait plus ses mots. Puis:
- Est-ce que... est-ce que peut-être vous pourriez me prêter cinquante lires pour téléphoner à ma femme?

Et je me demandais où et comment Nino aurait trouvé de quoi faire son prochain repas. Dès lors, dans la voiturette bleue, toute décapotée, toute ouverte, il descendait et remontait la clientèle de l'hôtel vers la plage et retour, une clientèle que six à sept minutes de marche à travers les jardins de l'hôtel eut éreintée. Mais à l'Imperial Palace, tout est fait pour rendre à ces personnes, souvent fort sympathiques, le séjour aussi agréable que possible.

Je m'étais liée d'une de ces amitiés passagères avec Madame Schwab. Elle et son mari étaient propriétaires d'un hôtel à Davos et en ce début d'été, elle venait faire un séjour à l'Imperiale.

Frédéric avait cinq ans, Adrienne une année, et lorsque je n'étais pas dans nos chambres ou en promenade avec la poussette, la fille de Piera, la "bagnina", une jeune fille de quinze ou seize ans dont j'ai oublié le nom, s'occupait d'Adrienne et aimait beaucoup s'en occuper - une vraie petite maman - et ainsi se faire un peu d'argent de poche. Cela me permettait d'être assise au bar de la plage avec Madame Schwab et de rire des escapades de mon fils. Il partait vers les rochers qui, plus loin, bordaient la mer, et sautant de l'un à l'autre, faisait une récolte de crabes qu'il mettait dans son seau; puis tout fier venait nous montrer cette moisson de crustacés qui grouillaient au fond du seau.

Madame Schwab riait.
- Et qu'est-ce que tu fais de tous ces crabes?
- Ah, disait-il tout sérieux, après je les remets à la mer.
J'en riais aussi.
- La Signora, disait Elio, elle a la meilleure part.

Certes, j'étais très privilégiée. Vivant à l'hôtel, je n'avais pas de ménage à tenir. Nos chambres étaient soigneusement rangées par une femme de chambre. Je n'avais pas d'achats à faire ni de repas à préparer, n'avais pas à me soucier de lessive ou de repassage et même s'il manquait un bouton à une chemise, il en était recousu un à la lingerie. Mais cette oisiveté me pesait. Plusieurs fois j'avais demandé à Dante qu'il me procure une occupation à l'hôtel. À la réception par exemple, ou dans les bureaux; j'aurais pu me charger de la correspondance. J'écrivais bien, en plusieurs langues. Mes demandes étaient restées lettre morte jusqu'au jour où il me dit avoir un travail pour moi... à la comptabilité! Ce n'était pas vraiment mon domaine; j'étais meilleure en lettres qu'en chiffres, mais c'était un travail et je n'allais pas me plaindre. Dès lors chaque jour, en milieu d'après-midi, je me rendais à un bureau situé dans un petit bâtiment derrière l'hôtel et révisais des comptes. Cela dura trois semaines jusqu'au jour où, arrivant à ce bureau, je trouvai la place prise. Dante avait engagé une personne pour le travail que je faisais sans me le dire, ajoutant à l'humiliation de me voir remplacée - pour incompétence? - celle de le faire à mon insu, me réservant la bonne surprise. J'étais très blessée. Et ne comprenais pas cette attitude. Quel plaisir pouvait-il trouver à me diminuer ainsi? Dante cherchait constamment à m'amener au niveau de l'une ou l'autre des filles de son village qui n'avaient certes pas fait d'études universitaires. Mais lorsqu'il se trouvait dans une situation difficile, embarrassante, il était bien content de recourir à mon avis.

Dès lors j'étais libre, oui, mais oisive de nouveau et ne savais pas trop à quoi occuper mes journées. Je lisais, écrivais une lettre à mes parents en embellissant les choses. Je n'allais pas parler de vexations ou de blessures d'amour-propre, mais racontais la plage et la clientèle, les jeux de Frédéric, les progrès d'Adrienne, le travail de Dante.

Or avec la haute saison, le travail s'était intensifié. Il faisait beau et chaud et l'hôtel était plein: une clientèle aisée, privilégiée, et exigeante aussi. On n'était pas à l'Imperial Palace comme dans une petite pension de village. Souvent j'admirais la tenue des dames: la robe de plage ouvrant sur un costume de bain assorti; ou le short parfaitement coupé et la blouse courte, négligemment nouée, laissant un espace nu à la taille; et le soir, la jupe longue et la blouse à séquins, ou la robe frôlant le sol elle aussi, le décolleté ouvrant sur une peau bronzée. Pour les messieurs, un pantalon souvent blanc, au pli impeccable et la chemise aux tons pastels à monogramme sur la pochette. Rarement une cravate, plutôt un foulard; une tenue savamment décontractée, le négligé soigneusement étudié. Dante aussi savait s'habiller et en tant que Directeur de l'Imperial Palace, se devait d'être élégant. Je jonglais quant à moi avec des moyens limités et les exigences du lieu. J'avais pour moi d'être jeune, grande et mince, et entre les quelques choses achetées à Genève avec Maman - et grâce à elle - et celles que j'achetais au marché du jeudi à Santa Margherita, j'avais généralement de quoi faire bonne figure. Au soleil, mes cheveux s'étaient éclaircis; avec un teint halé, c'était très joli.

Et j'avais une famille dont je pouvais être fière: mon mari, Dante, bel homme, qui dirigeait très bien le plus bel hôtel de la région, Frédéric, un garçon vif, intelligent et bien bâti, et Adrienne, ma ravissante fillette, très saine elle aussi, et intelligente, mais qui serait moins généreuse que son frère. Et j'aimais mes enfants autant l'un que l'autre.

Adrienne était encore toute petite à Santa Margherita. Poussant le landau et longeant les quais ou les jardins, j'entendais "*Bella la mamma, bella la bambina*". Aujourd'hui, on regarderait plutôt *la bambina*, et beaucoup moins *la mamma*.

Puis nous eûmes à l'Imperiale la visite de Rudi et Erni Koeppen.
Lui avait occupé au Mandarin de Hong Kong la même position que Dante: Executive Assistant Manager, et Erni et moi étions souvent ensemble. J'enseignais à l'Alliance Française et lui avais donné quelques cours de français à elle aussi. J'étais ravie à l'idée de les revoir.

Nous étions tous quatre jeunes, beaux, avec pour Dante et Rudi de très belles carrières dans des hôtels prestigieux. Dante dirigeait l'Imperial Palace qui était le plus bel hôtel de Ligurie et probablement l'un des plus beaux du pays, et Rudi allait prendre la Vice-Présidence d'une chaîne d'hôtels en Extrême-Orient. Étions-nous conscients alors des privilèges que nous vivions, Erni et moi surtout, grâce aux carrières de nos maris? Mais je n'étais pas étrangère à celle de Dante et pensais parfois à ces lettres que j'écrivais de son village, et qu'il signait - sans les lire. Oui, mais quelle aurait-elle été cette carrière si Dante avait été incompétent?

Je regrettais seulement qu'il fut souvent si dur avec moi. Mais qu'avais-je à me plaindre? Je vivais dans un endroit magnifique, mon mari, travailleur, capable, dirigeait un hôtel somptueux et le dirigeait bien, nous avions deux enfants adorables, garçon et fille, beaux et sains comme nous, intelligents et vifs d'esprit. Je me savais très enviée par la clientèle féminine de l'Imperiale et je pensais à une cousine qui, peu après mon mariage, disait avec un certain mépris "Il est moniteur de ski". Oui, mais pas seulement. Que dirait-elle aujourd'hui? Elle-même avait épousé un garçon honnête, gentil, mais que personnellement je trouvais plutôt terne.

À tout prendre, je préférais encore l'agressivité de Dante. Au moins il y avait du caractère. Je regrettais seulement qu'il fut souvent si dur avec moi. Et cette façon qu'il avait d'exiger une chose ou l'autre, de me blesser, volontairement ou non, laissait des traces. Oh, encore légères. Je parvenais à les chasser, les oublier, mais il en restait toujours quelque chose. "Calomniez, calomniez, disait Voltaire, il en restera toujours quelque chose". Oui, subsistaient quelques séquelles, des marques pas trop profondes mais présentes qui, s'ajoutant à d'autres, creuseraient un sillon plus difficile à combler.

- Dante, fais-moi une fois un compliment. Dis-moi quelque chose de gentil.
- Mais qu'est-ce que tu veux que je te dise? et il arrangeait son nœud de cravate devant le miroir. Je n'insistais pas.

Santa Margherita, que j'avais trouvée si tristement calme à notre arrivée, acquérait à mes yeux un charme que j'étais heureuse de découvrir. Il m'avait fallu laisser du temps au temps, comme disait François Mitterrand, et dès lors je me promenais avec plaisir dans les ruelles si pittoresques de la ville, pavées pour certaines, comme celle qui aboutissait à la place de l'église. Parfois on me reconnaissait, me saluait, la femme du "*Direttore del Imperiale*".

Or pour l'instant, nous attendions la visite de Rudi et Erni Koeppen. Et à quelques jours de là, revenant de l'une de mes promenades et poussant le landau où dormait Adrienne, je vis Dante à l'entrée de l'hôtel.

- Ils sont là, me dit-il. Bien arrivés, les bagages montés, tout. Et bientôt je les vis, dans le hall.

- Rudi! Erni!

On s'embrassa. Quel plaisir de les revoir.

Erni portait un ensemble vert pâle, pantalon et veste, très joli, et j'étais vêtue, moi, de ma robette bleue, toute simple, sans attrait. Mais j'avais mieux; or avec Dante je n'osais pas porter ces vêtements qui m'eussent mise en évidence, et risquer son mécontentement.

Mais dès lors, j'allais oser. Je me changeai, et les jours suivants aussi portai l'une ou l'autre de ces jolies choses, de Genève pour la plupart. Au bar de la plage, Elio fut surpris.

- Mais d'où venez-vous avec tous ces beaux vêtements?
- Mais je les avais toujours, fis-je en riant.

Et ma robette bleue était reléguée dans l'armoire.

Nous sortions tous les soirs. Il y avait assez de personnel à l'hôtel pour s'occuper des enfants; une femme de chambre très gentille que j'aimais beaucoup restait avec eux. Elle aimait les enfants et c'était réciproque.

Nous sortions en deux voitures: Erni et Dante dans la nôtre (une Chrysler), Rudi et moi dans la leur, dont je ne sais plus la marque, mais aussi une belle voiture. Nous allions loin de l'hôtel, dans les collines, dans un restaurant merveilleusement rustique que Dante avait découvert.

- I'm going with Dante, disait Erni.

J'attendais toujours qu'elle le dise. Qui se ressemble s'assemble. Ils venaient tous deux de milieux modestes, n'avaient pas fait de hautes études, en fait ils parlaient la même langue. Et j'étais ravie, moi, de me trouver avec Rudi. Erni et Dante flirtaient à perdre haleine dans notre voiture. Rudi et moi étions plus sages dans la leur. Ce n'était pas l'envie qui manquait pourtant, mais j'avais l'air si sérieuse que je décourageais les avances. Plus tard je l'ai regretté. À quelques années de là, nous avons divorcé, les deux couples. Dante s'est remarié, Rudi aussi; Erni, je ne sais pas, et moi, j'ai eu pendant des années une merveilleuse relation avec Jan, même si nous n'étions pas mariés. Il était président de la compagnie dans laquelle je travaillais.

Or pour l'instant, nous étions encore avec nos premiers conjoints. Et Erni se plaignait toujours de quelque chose, ce qui avait plutôt tendance à m'amuser. Rudi nous dit qu'à *l'Imperiale* les repas de midi et du soir étaient très bon, mais non pas les petits déjeuners.

Et je pensai: "Ce que les hommes sont naïfs". À midi et le soir, nous mangions tous les quatre ensemble et devant nous Erni ne pouvait pas se plaindre. Mais pour les petits déjeuners, ils étaient seuls en chambre et là, elle pouvait exprimer toutes les plaintes qu'elle voulait. J'aurais pu insister, demander ce qui n'allait pas, si le pain ou le beurre n'étaient pas frais, ou le café trop fort ou trop faible. Mais je n'allais pas les embarrasser; or je savais les plaintes injustifiées. Erni pensait je crois qu'en se plaignant, elle montrait qu'elle était habituée à mieux. Mais c'est exactement le contraire. Dans les milieux privilégiés on apprend justement à <u>ne pas</u> se plaindre. À moins que cela soit justifié, bien sûr. Cela m'est arrivé une fois dans un restaurant de Genève où nous mangions, mes deux frères, l'une de mes belles-sœurs, Silvia, et moi. On m'avait servi une viande qui n'était que des nerfs. Un plat d'élastiques. Je m'étais vaillamment attaquée à la chose, mais c'était immangeable. Silvia avait elle aussi reçu quelque chose de tout à fait mauvais. Elle m'avait regardé:

- Toi aussi, Marianne?

Nous en avions ri, mais avions décidé aussi de ne plus remettre les pieds dans ce restaurant.

Mais c'est exceptionnel, et à l'Imperial Palace où les plats sont préparés par des cuisiniers compétents, où les denrées sont fraîches et de bonne qualité, où l'on se doit de satisfaire une clientèle aisée qui paie des prix très hauts, la cuisine est fine et les mets sont très bons. On vante beaucoup la cuisine française, mais la cuisine italienne n'a rien à lui envier, je trouve, et les Italiens aussi savent manger.

Bangkok, Thailand

Chapitre 10

Il y avait trois ans maintenant que nous étions à l'Impériale et si je m'étais bien habituée à l'endroit, si je trouvais beaucoup de charme à la petite ville de Santa Margherita, en revanche j'avais de la peine à comprendre les exigences de mon mari, souvent contradictoires. Il voulait une chose, puis me reprochait de l'avoir faite. J'en étais désorientée. Jamais semblait-il, je ne faisais ce qu'il fallait, ce qu'il aurait voulu. Puis il me prenait dans ses bras: "Une comme toi, je la trouve plus" disait-il. Je n'avais pas saisi l'ambiguïté du compliment. S'il me mettait sur un piédestal, tant mieux.

Rudi et Erni étaient partis depuis longtemps et, si au cours de leur visite, Dante s'était montré plus attentionné envers moi, il y avait longtemps aussi que ces égards s'étaient estompés, puis évanouis. Je n'osais plus remettre les jolies choses que j'avais portées durant leur séjour et j'avais ressorti de l'armoire la robette bleue où je l'avais reléguée. Elle était assez insignifiante pour reprendre du service. Il m'arrivait de parler seule à la plage, quelques mots.

Je m'en rendais compte et me taisais, mais le malaise était là, persistant, et il irait s'accentuant. Et Dante l'alimentait. Il me blâmait d'une chose qu'il avait approuvée la veille, réfutait ce qu'il avait affirmé, exigeait ce qu'il avait dénigré. Et toujours avec la plus grande assurance. J'étais perturbée de ces contradictions, trouvai du bonheur auprès de mes enfants, mais même là, Dante me rendait les choses difficiles. La moindre exigence était immédiatement contrariée.

- Frédéric, finis les épinards, mon chéri. Tu auras la glace après.
- Mais laisse-le. Toujours là à l'embêter.

Et je sentais Frédéric tiraillé entre une exigence qu'au fond il sentait juste, et une tolérance plus sympathique. Tiraillé entre ses deux parents.

- Dante, quand j'exige quelque chose de Frédéric - et j'essaie vraiment de le faire très gentiment - s'il te plaît ne viens pas dire le contraire de ce que je demande.
- Mais laisse-le tranquille. Il est bon.
- Oui, mais quand même. Tu reconnais toi-même que j'ai été mieux préparée à la vie que toi. Laisse-moi donner cette même préparation à nos enfants.

Mais je savais que mes mots n'avaient que peu d'effet. Je ne pouvais pas en quelques phrases changer une mentalité forgée par des années de tolérance, des années trop permissives. Mais je savais aussi que Dante m'aimait.

Or nous apprîmes bientôt qu'un hôtel de luxe de 600 chambres était en construction à Bangkok et Dante fut approché pour en prendre la direction. C'était un nouveau grand pas en avant dans sa carrière. Les conditions étaient excellentes. Dante accepta et signa le contrat. Ainsi nous partirions pour la Thaïlande.

J'étais enthousiasmée à la perspective de ce nouveau départ, d'une nouvelle découverte, et ravie aussi que ce fut dans un climat chaud où tout est plus plaisant avec les plus longues heures d'ensoleillement, les fenêtres ouvertes et les tenues légères.

Avec les enfants je parlais toujours français, mais d'une façon spontanée, naturelle, et s'ils voulaient revenir à l'anglais je laissais faire, mais généralement ils me répondaient en français et tous deux aujourd'hui s'expriment fort bien en cette langue. Je me souviens de ma mère qui aurait voulu que nous parlions le russe. Elle avait décrété que le mardi, ou tel autre jour, on parlerait russe à table.
- Je peux avoir du pain?
- Dis-le en russe.

Je me privais de pain. Cette façon scolaire, artificielle, de nous imposer une langue a fait que mes frères et moi la parlons mal. J'en sais plus qu'eux pour avoir suivi les cours de l'ETI (École de Traducteurs et d'Interprètes) de l'Université de Genève, mais mes connaissances sont néanmoins loin d'être parfaites. J'ai un vocabulaire limité et je fais des fautes. Or Frédéric et Adrienne savent fort bien le français, outre l'anglais, leur première langue, l'italien et l'espagnol. Mais Mami, bien sûr, avait les meilleures intentions du monde.

Pour l'instant nous nous apprêtions à quitter Santa Margherita pour Bangkok. L'idée de retourner en Extrême-Orient m'enchantait. Et cette fois, nous ferions le voyage à quatre: Dante et moi, Frédéric et Adrienne.

Nous nous sommes arrêtés à Téhéran et dans cette chambre d'hôtel d'où je voyais par la baie vitrée les monts enneigés de l'Elbrouz, je me suis soudain sentie si seule, ballottée dans ce vaste monde, sans attaches. L'Italie, c'était loin derrière, devant il n'y avait rien encore. Les enfants qui dormaient dans une chambre voisine comptaient sur moi. Dante bien souvent comptait sur moi, et j'étais étrangère dans un pays inconnu, en route vers un pays inconnu, un fétu livré aux quatre vents.

Le matin dissipa partiellement ce sentiment de solitude. Et l'on ne peut être à Téhéran sans visiter la Mosquée Bleue. Dante et moi nous y rendîmes alors que Frédéric et Adrienne, trop jeunes encore pour apprécier ces beautés culturelles, préférèrent de beaucoup rester à l'hôtel où une garderie d'enfants avec jeux et même un toboggan permettaient des passe-temps autrement plus attrayants.

La Mosquée est très belle avec ses vastes espaces où s'agenouillent les fidèles, sa haute voûte, ses colonnes, et partout ses mosaïques bleues et or. Ce devait être l'heure de la prière, ou l'une des heures - le muezzin appelant les fidèles cinq fois par jour - car nombreux étaient ceux qui se prosternaient sur ces tapis usés par des décennies de génuflexions. N'étant pas musulmans, nous ne sommes pas restés. Mais profitant de notre liberté et sachant les enfants parfaitement contents dans leur petit monde de jeux et de nouveaux camarades, nous nous rendîmes dans un souk où l'on est très vite invité à entrer dans l'un ou l'autre de ces nombreux magasins tout ouverts qui se succèdent dans un dédale de ruelles. Là, assis sur des coussins à même le sol, on se voit offrir du thé.

- Ou préférez-vous un Coca-Cola?
- Non, non, un thé, c'est très bien.

Et le vendeur déploie pour nous l'un ou l'autre de ces innombrables tapis dont les rouleaux garnissent le sol, chaque recoin, et s'étagent le long des parois. Il nous fait voir l'envers, un tissage serré, tant de nœuds par centimètre carré et j'ai une impression de déjà vu. Partout en Asie, que ce soit au Moyen-Orient ou en Extrême-Orient, les choses et les coutumes se ressemblent, à Istanbul comme à Téhéran ou à Katmandu.

- Qu'est-ce que tu crois? On en achète un?
- Mais on va vivre dans un hôtel, Dante. On n'a pas besoin de tapis.

Comme je le regrette aujourd'hui. C'était des merveilles à des prix dérisoires pour les valeurs actuelles et tout à fait accessibles même pour nos moyens d'alors. Cent dollars pour un tapis de soie de trois mètres sur deux, fait main bien entendu. Mais les regrets... Cela fait partie de ces choses qu'on n'a pas faites et qu'on aurait dû faire, ou qu'on a faites et qu'on n'aurait pas dû! J'ai tout de même quelques très jolis tapis dans mon intérieur d'aujourd'hui, achetés lors de mes voyages ultérieurs. Parce que j'ai toujours aimé "lever l'ancre" et même maintenant que ma prime jeunesse s'est envolée depuis longtemps, il ne faudrait pas grand-chose pour me faire faire ma valise.

- Mais Mami, souviens-toi, me dit Frédéric, quand nous sommes allés de Greenville à Spartanburg, tu étais si fatiguée.

Certes, pour aller à cinquante kilomètres d'ici, voir un endroit similaire au mien, sans dépaysement, je suis fatiguée avant de partir. Mais parlez-moi de la Mongolie, du Népal ou du Bhoutan, là je sens revivre cet enthousiasme de toujours, même dans l'inconfort des grandes chaleurs, des routes chaotiques, de la poussière et des hôtels au confort rudimentaire;

celui d'une nourriture si différente aussi, souvent si forte qu'elle vous brûle le palais.

Or pour l'instant nous quittons Téhéran, ses larges avenues et ses ruelles sinueuses, ses grands magasins et ses boutiques aux vitrines surchargées, ses marchés aussi dont les étals proposent des fruits et des légumes locaux, de toutes couleurs et de toutes saveurs, ses mosquées si belles et ses minarets, et l'appel du muezzin.
Nous quittons cette partie de l'Orient et je le regrette un peu. Il me semble en avoir si peu vu. Mais quand même, j'ai respiré le parfum des épices dont les sacs de jute ornent l'accès aux échoppes, ces senteurs douceâtres mais pas déplaisantes; j'ai vu les larges avenues et les ruelles encombrées, les Iraniennes souvent très belles, enveloppées dans leur sari, cette tenue flatteuse qu'il m'est arrivé de porter; je ne me suis pas attachée à l'architecture des maisons - sinon pour quelques façades à encorbellement - et c'est dommage, mais j'ai vu, bien sûr, la très belle mosquée de Téhéran, toute bleue et or, avec ses mosaïques qui captent la lumière, et à l'intérieur - que je n'ai vu que de loin; les femmes, jugées impures, n'ont pas le droit d'entrer - les tapis de prières sur lesquels s'inclinent les fidèles.
Nous faisons un vol direct d'Iran vers la Thaïlande et je regrette de survoler des pays aussi intéressants que l'Afghanistan, le Pakistan, le Turkmenistan ou la Birmanie. En Inde, je me suis arrêtée à New Delhi, et tout au sud, à Colombo dans l'île de Ceylan, lors de précédents voyages, mais n'ai jamais vu le centre et le sud de l'Inde, ni Rangoon, en Birmanie. Et si Frédéric, mon fils, me disait tout à coup aujourd'hui "Mom, fais ta valise, on part demain pour Hyderabad", je n'hésiterais pas longtemps. Or, à raconter ces voyages, je les revis un peu, les sons, les accents de la langue, la chaleur et la poussière en moins.

Bangkok. Krung Thep. Elle a perdu une partie de son charme, la ville d'aujourd'hui, parce qu'il y a quelques décennies encore, elle était sillonnée de canaux, de ces "klongs" qui apportaient du charme et de la fraîcheur. Aujourd'hui, ils ont été asphaltés pour permettre la circulation, l'impossible circulation de Bangkok. Les feux des intersections restent rouges trop longtemps, des files se forment et lorsqu'enfin le feu passe au vert, on avance à une allure d'escargot. (Du moins, était-ce le cas alors, dans les années 1970). Or comme il fait chaud et que la plupart des voitures n'ont pas l'air conditionné, on bout à l'intérieur. Avec Pradit, notre chauffeur, il arrivait facilement que nous mettions quarante-cinq minutes pour aller de Tonburi à Banglak, deux quartiers de la ville pourtant pas très éloignés l'un de l'autre. Les deux roues ont plus de chance et, comme les samlors, se faufilent entre les voitures et avancent mieux. Cela fait partie du charme de l'Orient. Pourtant entre le bruit, la chaleur, la poussière et ces voitures qui n'avancent pas, le charme, j'ai de la peine à le trouver.

Mais ça, c'est la rue. Dans notre cadre de vie, c'est mieux. Comme le Indra, cet immense hôtel que Dante dirigera, n'est pas encore terminé, nous nous installons dans un appartement. Sukon Court. L'immeuble est joli, formant un arc avec une piscine au centre et il a en outre l'avantage d'être à deux pas de l'école où j'inscrivis les enfants. J'avais d'abord pensé à l'école anglaise ou américaine, mais les effectifs étaient au complet et plus aucun élève n'était accepté. Ainsi j'eus recours à la Petite École Française. Comme nous avions toujours parlé français ensemble, que Frédéric et Adrienne s'exprimaient bien tous deux dans cette langue, j'espérais qu'ils n'auraient pas trop de mal à s'adapter, même si l'orthographe et la lecture poseraient probablement quelques problèmes au début. En outre comme ils avaient connu bien des mentalités, des langues et des modes de vie différents dès leur plus jeune âge, je pensais que cela contribuerait aussi à une intégration aisée dans ce nouvel environnement.

Or Frédéric eut de mauvaises notes à l'école et je ne me l'expliquait pas. Lui, si vif, si intelligent, avec souvent des remarques qui me surprenaient, au-dessus de son âge, là semblait ne pas être à même de suivre, était distrait, jouait avec son crayon, écoutait d'une oreille, et aux questions qui lui étaient posées répondait à moitié. Le maître envisageait de lui faire refaire l'année scolaire. J'espérais que ce ne serait pas nécessaire. Or ce que je n'avais pas compris alors, et le maître encore moins, était que Frédéric s'ennuyait dans ces classes. Il n'y avait pas de défi, pas de "challenge". Or loin de lui faire doubler une classe dans laquelle il s'ennuyait déjà, il aurait fallu le placer une classe au-dessus!

En fait lorsque plus tard il entra à l'université, il me dit avoir été surpris de suivre les cours avec facilité. Hélas, alors, son père l'en retira. Dante, qui n'a pas fait de hautes études, ne voulait pas que son fils en fasse et qui sait, arriver peut-être plus haut que lui dans la vie. Lorsque j'ai appris ce retrait, j'en ai été tout à fait navrée, mais alors Dante et moi étions séparés, je n'apprenais les choses qu'après coup et n'avais plus d'influence pour les empêcher. Aujourd'hui, Frédéric gagne bien sa vie, mais avec un travail qui n'est pas des plus prestigieux. Lui qui aurait pu accéder aux plus hautes fonctions! Cela m'attriste d'y penser.

Or pour l'instant nous sommes à Bangkok et Dante prendra bientôt la direction du "Indra", six cent chambres, un très bel hôtel qui, avec le Dusit Tani - aussi un grand et bel établissement - est l'un des plus beaux de la ville, et partant, du pays. En attendant la fin des travaux, nous nous installons dans l'un des appartements de Sukon Court. La vie y était plaisante, et installée au bord de la piscine, le plus souvent avec un livre, je fis bientôt la connaissance d'autres locataires de l'immeuble, dont Marlise von Muralt. Elle était sympathique, mais en se présentant, insistait beaucoup sur la particule, ce qui me donnait à penser que si son mari se fut appelé Dupont, Durand ou Bovet, elle n'eut peut-être pas eu pour lui le même intérêt. Et d'ailleurs le prénom, Marlise ne me semblait pas révéler la plus haute aristocratie. J'avais plus de plaisir en revanche en la compagnie de Laurette Bonard. Maman me le reprocha dans ses lettres, insistant sur le fait que Madame von Muralt est une dame, le mot était souligné. Je veux bien mais Laurette était merveilleusement naturelle. Il n'y avait pas en elle un atome d'artifice. Elle était si franche, si vraie. Nos petits déjeuners au Dusit Tani, tels que nous eûmes l'occasion de les prendre plus tard, étaient des moments de vrai plaisir. Ceci ne signifie pas que Marlise von Muralt ait été artificielle ou déplaisante. En aucune façon. Nous étions en bons termes, j'avais du plaisir à la saluer et à bavarder un moment avec elle. Mais j'étais plus proche de Laurette.

À la piscine de Sukon Court, je parlais avec les autres locataires de l'immeuble.

- J'aime beaucoup être ici, mais nous ne resterons pas très longtemps.
- Non? Pourquoi? me demanda une jeune dame qui, comme moi, un peignoir sur le costume de bain, était assise au bord de la piscine, les pieds dans l'eau.
- Mon mari dirigera le "Indra" et nous vivrons à l'hôtel.
- Votre mari sera directeur du Indra? Cet immense hôtel?
- Oui. General Manager.

Elle me regarda autrement. J'étais la même pourtant que deux minutes auparavant. Pas tout à fait. De simple locataire, j'étais devenue l'épouse d'un homme important. Si elle savait pourtant combien Dante me contraignait à la modestie, voire à l'humilité. J'aurais souvent voulu être un peu plus sûre, non pas hautaine, mais moins modeste, d'une attitude qui cadrait mieux avec la position de mon mari. Et je tentai la chose, relevai la tête. Oh, cela n'avait pas duré.

- Pauvre gourde. Je vais t'apprendre, moi. Idiote qui pète plus haut que son cul.

J'étais blessée autant par la vulgarité de ses mots que par son attitude. Lui, pourtant, n'avait rien contre son titre et le prestige qui y était attaché.

Chapitre 11

Et le Indra ouvrit ses portes. L'hôtel fut inauguré par la présence de la reine Sirikit que Dante accueillit devant le perron. Elle descendit d'une longue limousine, était ravissante, vêtue d'une robe beige, dentelle sur soie, chaussures et sac assortis aux teintes de la robe. Une nuée de photographes et reporters se pressait dans l'espoir d'une bonne photo, voire de quelques mots, et, j'imaginai Dante à la fois flatté et quelque peu intimidé, mais cela ne se voyait pas. Très élégant lui aussi, il donnait une image d'assurance sans présomption. J'étais fière de mon mari, lui, le chevrier en sabots de Gressoney. Que de chemin parcouru et aurait-il pensé alors qu'un jour en Extrême-Orient il recevrait la reine de Thaïlande sur le perron d'un grand hôtel prestigieux qu'il allait diriger, Mister General Manager? Certes j'avais contribué, poussé à la roue, mais où serait-il s'il n'avait pas été compétent, apte à gérer un "Indra Hôtel"? Quel contraste entre le Dante agressif qu'il m'arrivait de connaître, et cet homme élégant, déférent, qui, sur le perron de son grand hôtel s'inclinait pour recevoir la reine de Thaïlande.

Il fait chaud en Thaïlande, toute l'année. Il y a une brève période fraîche en janvier, où l'on supporte une jaquette sur les épaules, mais très vite la chaleur revient. Alors je rêve d'un hiver, d'un véritable hiver bleu et blanc, et j'oublie le bout des doigts qui gèle, le bout des pieds, le froid qui ici semble bien tentant. Pourtant, j'aime la chaleur qui simplifie la vie: des vêtements légers, pas de chauffage, les fenêtres ouvertes et la vie à l'extérieur le plus souvent. La cuisine aussi est plus simple. Pas de plats compliqués, de sauces qui mijotent pendant des heures, mais des fruits, des légumes vite cuits et une tranche de viande rapidement passée à la poêle.
Or l'hiver peut susciter plus d'élégance avec les manteaux, les bottes, les chapeaux et les fourrures, celles-ci malgré l'opposition de la SPA, la Société Protectrice des Animaux. Mais ne faudrait-il pas alors supprimer aussi les sacs et les chaussures de cuir?
J'aime les climats chauds et j'ai bien aimé la Thaïlande. L'écriture Thaï est jolie avec ses boucles, ses bâtonnets et par endroits, ses joyeuses virgules qui dansent en-dessus en-dessous. Je ne sais pas la lire, mais je la trouve très décorative, modulée comme les sons de la langue qui montent d'un ton, d'un demi-ton, s'attardent sur une voyelle et s'arrêtent à mi-

hauteur en fin de phrase dont on ne sait jamais très bien s'il s'agit d'une question ou d'une affirmation.

J'ai voulu apprendre la langue, en sais quelques mots, quelques phrases, de quoi indiquer au taxi la route à suivre pour aller du marché de Banglak à Sukon Court, et ces phrases me sont restées. "Orentcho guero kapsida, ouentcho guero kapsida". Allez à droite, allez à gauche. Et, très utile: "Ouri tchip yogui issoyo. Djanknman kitar issoyo". Ma maison est ici. Attendez un instant. Le temps d'appeler Miss Tcho ou Miss Moon au secours. Car, comme l'accent est juste, l'intonation correcte, l'autre s'imagine que je parle couramment la langue et suit une longue phrase à laquelle je ne comprends rien!

Le marché de Banglak, c'est une grande halle couverte où l'on trouve tous les fruits et les légumes qu'on peut rêver. Des régimes de bananes pendent d'un fil comme une lessive et la vendeuse, assise sur une caisse retournée, les propose, comme les viandes dont, d'un coup de machette elle tranche un morceau, et hop, vous l'emballe dans une feuille de bananier. Le panier est bientôt lourd, alors au retour, je prends un samlor.

A Bangkok, les rues n'ont pas de nom et les maisons pas de numéro et je me demandais comment un postier s'y retrouve pour distribuer le courrier. Notre courrier, lettres ou paquets, arrivait au Indra et Dante me le remettait.

Or peu avant les Fêtes de fin d'année arriva à l'hôtel un paquet à notre intention, des cadeaux pour Frédéric, Adrienne, Dante et moi-même, envoyés de Genève par Silvia, ma belle-sœur, qui s'était donné la peine de choisir ce qui pourrait nous faire plaisir à tous quatre, de faire le paquet et le confier à la poste. Le paquet était bien arrivé. Or Dante n'avait rien trouvé de mieux à faire - à mon insu, bien entendu - que de le retourner à l'expéditeur! Entre-temps Silvia s'étonnait de ne pas recevoir un mot de ma part, ne fut-ce qu'un accusé de réception. Si j'avais reçu la chose, j'aurais immédiatement écrit, évidemment. Lorsque le paquet lui revint et que j'appris ce qu'avait fait Dante, j'étais outrée. Comment avait-il pu agir ainsi? Et comment excuser ce geste de mon mari? Ne lui suffisait-il pas de me tromper, de m'humilier? Fallait-il encore qu'il blesse ma famille? J'écrivis de suite une lettre à Silvia cherchant à excuser le geste de mon mari. Dante ne s'était pas rendu compte, n'avait pas su de quoi il s'agissait, croyait à une erreur de la poste et priait Silvia de l'excuser. Des excuses peu convaincantes, mais que pouvais-je faire? Je m'en pris à Dante. Pourquoi avoir agi de façon aussi blessante? Or, comme toujours lorsqu'il se sentait dans son tort, il retourna la chose contre moi, trouva mille reproches à m'adresser; puis, pour faire bonne mesure, il s'en alla, et je sus que je ne le reverrais qu'au petit matin. Je restais seule avec ce sentiment d'injustice, de frustration, alors qu'il se livrait à de joyeux ébats avec quelque Dulcinée. Pour l'instant, ses sorties nocturnes étaient encore discrètes, mais j'allais connaître mieux. Et lorsqu'à telle réception, une fille de bas étage, invitée par Dieu sait qui, se frottait à lui, s'accrochait à son épaule, riait la bouche ouverte, lui, flatté de se voir encensé par une fille si vulgaire soit-elle, et de m'infliger ce spectacle, loin de décourager ces avances, les suscitait, heureux de m'humilier, comme d'une revanche d'une supériorité qu'il sentait confusément. Dante est plus intelligent que moi, plus vif d'esprit, mais moins bien préparé à la vie, avec une éducation limitée, moins de bases, une pierre de valeur mal équarrie. Je me souviens d'un cas où, sans intention négative, j'avais posé à Dante une question à laquelle il n'avait pas de réponse. Je le sentis sur le point de s'emporter comme si j'avais volontairement cherché à le blesser. Or un jeune homme qui se trouvait à proximité et avait entendu la question, me donna calmement la réponse. Dante en fut surpris, se rendant compte alors qu'il n'y avait pas là matière à s'offenser. Et combien de fois lui avais-je dit "Tu vois du mal où il n'y en a pas"! Comme bien souvent, je chassai de mon esprit ces pensées négatives, incapable cependant de les effacer tout à fait, avec toujours ce fond de tristesse.

Pourtant, si privilégiée, épouse d'un bel homme, Directeur Général de l'un des plus beaux hôtels du pays, avec deux enfants, intelligents, beaux et sains eux aussi: Frédéric, l'aîné, bon et généreux, et Adrienne, ravissante, un peu moins généreuse que son frère, mais si mignonne, qui suscitait d'emblée la sympathie. Elle a tant de chance Madame David. Oui, et tant de raisons d'être reconnaissante au Destin et de cesser ses jérémiades!

Nous nous étions installés à l'hôtel, y avions une suite, trois chambres, une pour chaque enfant et la nôtre, et un salon. Nous prenions nos repas dans l'un ou l'autre des restaurants de l'hôtel. J'étais un peu préoccupée quant au genre d'éducation que cela donnait à nos enfants.
- I don't want green beans, disait Adrienne. I will order something else.
Bien sûr, si elle n'aimait pas les haricots, elle pouvait commander autre chose. Si Frédéric, dans un mouvement d'humeur jetait sa serviette par terre, il y avait immédiatement un sommelier pour la lui ramasser. Je craignais que cela les rende présomptueux, hautains. Heureusement, ce n'est pas le cas, et l'un comme l'autre ont toujours pour tous les égards voulus.

J'ai aimé la vie à Bangkok. Il faut dire qu'elle s'écoulait pour nous dans des conditions très privilégiées, supérieures je pense à ce qu'elles étaient pour beaucoup de Thaïs. Pourtant ce bonheur n'était pas sans mélange. Les Thaïlandaises sont jolies, pour beaucoup en tous cas, et Dante eut tôt fait de s'en apercevoir et d'oublier qu'il était marié et père de famille. De temps à autres, j'allais au salon de coiffure de l'hôtel, regardais dans le miroir la jeune Thaï qui me coiffait et pensais: "Elle est plus heureuse que moi." Oh, Dante. Et de qui s'agissait-il? De celle qui m'a si gentiment souri à l'entrée du restaurant? De celle qui me suivait des yeux quand je passais entre les tables? Celle qui tirait la chaise pour que j'y prenne place? Le choix ne manquait pas. Je cherchais à oublier ces peines, n'y parvenais pas vraiment. Or avec le temps, le poids devenait si lourd que je n'y parvenais plus du tout. "Elle a tant de chance, Madame David." Certes, en apparence si heureuse, si privilégiée. En réalité trompée, humiliée. Et je vivais dans cette dualité, celle d'une réalité à dissimuler et d'une apparence à faire paraître réelle. Au petit restaurant où je venais le matin prendre un café, on me recevait toujours avec la même amabilité, l'épouse du Directeur Général, mise en évidence par la position de mon mari, sous la constante pression des regards. Je sus plus tard que je suscitais des commentaires. C'est que trop souvent seule, sans exutoire pour ces pensées obsédantes, je parlais dans le vide, fort, avec des gestes, puis je m'en rendais compte, me taisais, gênée, mais peu à peu le monologue reprenait. En fait, par moments, je perdais la raison. Il me fallait sortir de ce marasme, voir le bon côté des choses, et en fait, Bangkok a bien du charme si l'on se donne la peine de le découvrir. Et je partis à la découverte.

À l'époque, il y a de cela quelques décennies encore, la plupart des déplacements et des transports se faisaient par voie d'eau, le long de ces "klongs", ces canaux qui sillonnaient la ville. Ils apportaient à Bangkok, outre le charme de ces transports aquatiques, la fraîcheur des canaux; et les échanges, les ventes de fruits et de légumes se faisaient non seulement d'un bateau à l'autre, mais des bateaux aux maisons de bois sur pilotis qui par intermittence bordent la rive. Les bateaux sont de légères embarcations chargées de fruits et de légumes, d'une colline de melons, de concombres, de choux, et conduites par des batelières qui connaissent la rivière comme la paume de leur main. Les chapeaux de paille de forme conique projettent leur ombre sur des visages aux yeux bridés, sur les sourires clairs qui contrastent avec le teint cuivré et sur cette assurance que confère l'habitude et la connaissance de la rivière. Et d'un bateau à l'autre, on se parle. Pas vraiment, car la langue Thaï n'est pas parlée, elle est chantée.
- Sip haa baht, May peng. (15 baht, pas cher)

J'en entendais les accents, regrettais de ne pas en comprendre plus que les quelques phrases qui me permettaient de répondre à des questions faciles. Allais-je apprendre le thaï? Encore une de ces langues orientales que je ne saurais jamais. À notre arrivée à Hong Kong, j'avais pensé apprendre le cantonais, pour m'apercevoir bientôt que tout le monde parlait l'anglais, même s'il s'agissait du "Pidgeon English". Et puis il est très difficile d'apprendre une langue qu'on ne peut pas lire. Le thaï est plus traînant que le cantonais ou les langues européennes. Les voyelles s'étirent comme si, elles aussi, dans la chaleur connaissent un rythme plus lent. Ces accents, je les aime bien. On les entend dans la rue, bien sûr, dans les magasins, partout au hasard de la ville, le long des "klongs", sur les bateaux où les touristes affluent, jumelles en bandoulière, qui pour visiter un temple, qui pour voir le marché flottant. Qu'il est pittoresque ce marché, avec tous ces bateaux chargés des produits de la campagne environnante, riches de couleurs et de senteurs exotiques, où se vendent fruits et légumes, aux Thaïlandais des maisons riveraines sur pilotis ainsi qu'à d'autres bateliers.

Or victime de son succès et des cohortes de bateaux-touristes qui encombraient la rivière et gênaient le commerce, il s'est déplacé, ce marché flottant, et c'est maintenant bien à l'extérieur de la ville qu'il faut se rendre pour voir encore les bateaux chargés de papayes et de douriones proposer ces produits de la campagne aux riverains. Des bambins à moitié nus, heureux, noirs de terre et de soleil, trottent alentour.

On s'éloigne et, des bateaux à la rive, on échange des sourires, quelques gestes - des saluts de la main – et des "hello" noyés dans le bourdonnement du moteur. Le bateau suit les méandres de la rivière dans une campagne plate; des arbres penchent de larges feuilles sur des eaux vertes et brunes; parfois leurs branches se rejoignent, forment un dôme, et au travers, le soleil filtre et dessine sur l'eau une mosaïque de lumière. Des affluents, des confluents se multiplient et j'imagine qu'il est facile de se perdre dans ce réseau aux multiples embranchements, entre des rives toutes pareilles où les mêmes arbres créent les mêmes voûtes et forment sur l'eau les mêmes frises de dentelle dans un jeu d'ombres que perce le soleil. Le bateau glisse dans le silence que seul perturbe le ronron régulier du moteur. L'air, plus frais sur l'eau, caresse le visage et apporte, de loin en loin, des odeurs d'herbe coupée, parfois de fumée: un paysan brûle un tas de feuilles sèches. Je lui crie: "Sawadii-ka!" Il me répond: "Sawadii-krap". Bonjour. "Ka" quand parle une dame, "krap" disent les messieurs.

Les Thaïlandais sont bouddhistes à 95% et le reste se répartit entre le christianisme, le judaïsme, le brahmanisme et quelques idéologies très minoritaires. Ainsi, depuis quelque 2500 ans, on vénère, en Extrême-

Orient, Sakyamuni ou Bouddha, suivant en cela les préceptes de Gautama, fondateur du bouddhisme. Cette vénération se manifeste dans les temples, les "wat": Wat Arun, Wat Prakeo, Wat Traimit (Temple du Bouddha d'or), Wat Pho (Temple du Bouddha couché), Wat Saket, dont l'architecture parfois étonnante se reflète dans les eaux du Menam. Wat Arun dresse son toit en une haute pyramide dont les tuiles vertes et or captent la lumière et brillent comme autant de facettes. Les toits, parfois à angles relevés, projettent leur ombre sur des murs blancs percés de hautes fenêtres et sur la lourde porte d'entrée enrichie de bois ciselés.

Devant les temples passent des bonzes: robes orange, crânes rasés et grosses sandales qui crissent sur le gravier des allées. Certains sont assis, leur bol de métal devant eux et les passants déposent une offrande: une poignée de riz, un fruit, quelques fleurs. Nombre d'entre eux sont jeunes et avec mon esprit d'Occidentale, j'étais choquée de voir ces adolescents assis là, à attendre que leur bol se garnisse de ces dons. Ne pouvaient-ils pas travailler? Heureusement, pensais-je, il y a des paysans qui sèment, piochent, labourent, et avec leurs récoltes fournissent des biens plus concrets que la méditation et la prière.

Mais je quitte le domaine spirituel - et loin de moi l'idée qu'il soit répréhensible; en aucune façon - et aborde un sujet plus concret et quelque peu inquiétant. Dante vient d'apprendre en effet que le Indra qu'il dirige est mis en vente et que les nouveaux propriétaires y placeront leur propre personnel et en premier lieu, bien sûr, leur propre direction. Ainsi la position de Dante est menacée, en fait, condamnée à plus ou moins brève échéance: quelques mois.

Je ne me préoccupais pas outre mesure, sûre qu'une opportunité se présenterait bientôt, suite aux lettres et aux CV que j'envoyais, montrant la solide expérience de mon mari. Et dans les divers postes qu'il avait occupés il avait laissé une excellente impression, était toujours parti en très bons termes et si des références étaient sollicitées, elles ne pourraient être que positives.

Et en effet, bientôt nous reçûmes une réponse: un certain Chosun Hotel, à Séoul, en Corée du Sud, avait pris l'offre en considération et proposait à Dante la direction de cet hôtel. Cinq cents chambres, de catégorie luxe, alors le seul hôtel de classe internationale de la ville, et partant, du pays. J'étais enthousiasmée, un peu préoccupée aussi. La Corée, c'était au nord, il y ferait froid. Nous étions si habitués à la chaleur. Mais enfin, c'est la Corée du Sud, pensais-je. Il n'y fera pas un froid sibérien. Savais-je alors que j'allais tant l'aimer, ce pays? Nous y resterions huit ans. Huit belles années dans le Pays du Matin Calme.

Franco et Egle Cabella, des amis de longue date de Dante, étaient venus à Bangkok à l'instigation de mon mari. Logés à la même enseigne que nous, ils cherchaient eux aussi une nouvelle situation. Or si Dante et moi étions généralement populaires, eux l'étaient beaucoup moins. Lui était encore passablement apprécié, mais elle était très vite lassante. "Franco m'ha detto... e io sono contenta..." Que Franco lui ait dit ceci ou cela et qu'elle en soit contente, très bien, mais c'était dit sur un ton tellement enfantin que pour moi, une demi-heure avec elle me donnait envie de contacts plus adultes. Nous nous entretenions toujours en italien. Elle parlait bien le français pourtant; très peu d'anglais. Elle et Franco étaient très heureux ensemble et le sont probablement encore alors que Dante et moi sommes séparés depuis longtemps. Egle s'inquiétait terriblement de leur avenir et lorsqu'elle sut que Dante avait été contacté pour la direction d'un hôtel en Corée, elle soupira en regardant le plafond: "Ah, se fosse noi!" (Si c'était nous!) se lamenta-t-elle. Mais enfin une offre leur parviendrait aussi. Et qu'avait-elle fait pour cela, outre rester assise dans son fauteuil à espérer et se lamenter en regardant le plafond, alors que Franco, en plus de son travail, écrivait et envoyait lettres et CV? Certes elle parlait peu d'anglais, mais elle aurait pu tout de même contacter des ambassades, des consulats pour obtenir des adresses d'hôtels dans divers pays d'Asie, bref faire ce que j'avais fait pour Dante et moi et nos enfants. Et moi j'écrivais aussi les lettres.

Enfin un beau jour - j'étais avec elle dans son salon - elle m'annonça tout excitée que Franco avait reçu une offre pour Hong Kong. J'étais un peu surprise qu'elle me le dise, mais enfin comme la chose paraissait sûre, définitive, il pouvait être normal qu'elle m'en parle. Or à quelques temps de là, je me trouvais avec des connaissances qui parlaient d'un tel qui partirait bientôt pour Singapour ou Kuala Lumpur, et moi, comme une idiote, je dis que "ah oui, les Cabella ont une offre pour Hong Kong", me rendant compte au moment où je le disais que j'avais manqué une bonne occasion de me taire. Mais la chose était dite et tombée dans l'oreille d'un type qui ne pouvait pas les souffrir et allait tout faire pour faire capoter le projet. Et hélas, avec succès. Je m'en sens encore coupable aujourd'hui. Mais que les gens peuvent être mauvais! Pourquoi détruire une opportunité de personnes qui n'avaient fait aucun mal et n'avaient aucun tort? Bien sûr, j'aurais dû me taire, j'étais fautive. Mais l'autre était détestable. Toujours est-il que dès lors, les Cabella ne me parlaient plus. Ah, misère. On est maître des choses qu'on n'a pas dites, mais esclave de celles qu'on a énoncées. Je ferais bien de m'en souvenir plus souvent. Franco et Egle sont-ils tout de même partis pour Hong Kong? Ou ailleurs? Je ne sais pas. Nous avons perdu le contact avec eux.

Or nous allions partir pour Séoul et je me demandais un peu ce que serait la vie en Corée? Et quelles écoles pour les enfants? Il n'y avait pas d'école française à Séoul. Bien sûr, il y avait la possibilité des cours par correspondance, mais je n'étais pas tentée par cette option. D'abord, je me savais moi-même pas assez disciplinée pour me lever tôt chaque matin et faire l'école à la maison. Et puis je pensais que cela privait les enfants de camaraderie et du contact avec d'autres enfants ou d'autres jeunes proches de leur âge. Je verrais bien sur place.

Ce fut l'école américaine, Seoul Foreign School, une excellente école dont tous deux, Frédéric et Adrienne, gardent un très bon souvenir. Les écoles américaines sont soit très bonnes, soit franchement mauvaises. S.F.S. était parmi les meilleures, mais je ne le savais pas encore.

Palais Gyeongbokgung

Corée

Chapitre 12

"Dante, te souviens-tu de notre arrivée dans le Pays du Matin Calme?"
C'était une journée claire, encore froide de fin d'hiver, avec un ciel bleu pâle, si différent de la Thaïlande. De la voiture, le long de ce trajet nouveau mais parcouru tant de fois depuis lors, entre des champs gris-brun couturés de ruisselets, je voyais de loin en loin le costume coréen, ce pittoresque accoutrement - une courte veste sur un pantalon bouffant et pour les femmes, le petit boléro très court d'où partent les plis d'une volumineuse jupe cloche - qui n'est plus porté aujourd'hui que lors de fêtes ou de manifestations folkloriques. Mais nous étions au début des années 1970 et dans les campagnes ce costume était encore fréquemment porté. Étonnamment en fait: il me semblait très peu pratique.

Je m'habituai vite à la vie en Corée. Ce n'était pas difficile. Nous avions une très jolie villa et quatre personnes à notre service: Miss Moon, la cuisinière, Miss Yun, la femme de chambre, Mr. Ha, le chauffeur, et Mr. Han, le garde, qui venait le soir sur le coup de dix heures et surveillait la maison de nuit, faisant des rondes de temps à autres, dans le jardin et autour de la maison. Mr. Ha, notre chauffeur, était un homme de valeur. Très sympathique aussi, toujours soigné et ponctuel. Or si sa position au début de notre séjour était encore relativement flatteuse - travailler pour un Occidental était encore vu comme une situation privilégiée - plus tard, avec le développement de la Corée qui atteignait aisément le niveau des pays avancés, la position - être chauffeur et conduire la voiture d'un Européen - n'avait plus rien de prestigieux. Il en souffrit. "Vos enfants feront-ils des études?" lui demandai-je un jour. "Bien sûr, me répondit-il. L'université." Et je pensai notre chauffeur a plus d'ambition pour ses enfants que mon mari!

Je regardais le trafic de Séoul, ou Kyong Song. C'est toujours au début d'un séjour que tout vous frappe, tout est nouveau. Après on s'habitue et ne remarque plus rien.

Mise en branle par le feu vert, la vague d'autos déferle, s'allonge, rendue plus fluide par la distance, et dans le flot constant des voitures, la charrette d'un chiffonnier, traînée à lents coups de pédales, le triporteur, un assemblage à l'équilibre inquiétant sur le dos, se fraient un passage laborieux. Il y a aussi le colleteur de vieux papiers qui, du cliquetis constant de ses grands ciseaux qui ne coupent rien, appelle les journaux de la veille, les emballages froissés, les cartons déchirés. Il y a, plus triste, celui assis près de sa sébile qui, la tête trois fois trop grosse, attend l'aumône de quelques wons et sourit perpétuellement à son monde à lui.

Mais la plupart du temps je rédigeais des articles sur la Corée, sur Panmunjeom, cette frontière qui sépare la Corée du Sud de celle du Nord. Nous nous y sommes rendus une ou deux fois. Panmunjeom, c'est une zone tampon, neutre, dont la neutralité est assurée du côté sud par la Suisse et la Suède, et du côté nord, par la Tchécoslovaquie et la Pologne. Pour y accéder il faut un permis spécial qui nous a été délivré par le Général van Muyden, chef de la représentation suisse et seul à porter ce titre en temps de paix. Plus on approche de la frontière, plus le trafic se fait rare, puis inexistant, à part quelques jeeps bourrées de militaires. Dante conduit.

À la frontière, nos permis sont contrôlés. Pas d'armes? Non, nous n'avons pas d'armes, comme constaté après contrôle. Le "douanier" a une lampe de poche, nous fait descendre et fouille la voiture de son faisceau. Au-dessus de nos têtes, des nuées d'oiseaux, que personne ne vient chasser, cachent le soleil par intermittence. Nous sommes dans la DMZ, la Demilitarized Zone, sorte de "no man's land" entre le sud et le nord du pays. Reçus par le Général, nous entrons dans une pièce avec, au centre, une longue table sur laquelle est posé un fanion qui délimite le côté réservé aux représentants de la Corée du Sud et le côté revenant à la délégation du Nord. Là se retrouvent à de fréquentes reprises les délégations des deux Corée pour des pourparlers sur la réunification du pays, des discussions qui n'aboutissent jamais mais conduisent à la résolution N° mille et quelques et fixent la date d'une prochaine réunion. Au centre de la table est posé un fanion qui indique symboliquement la séparation du Sud et du Nord. Je m'empresse de faire le tour de la table: j'ai été en Corée du Nord!

Au sortir de ce petit bâtiment situé sur un tertre qui domine le paysage alentour, on voit de loin une frontière, plus réelle celle-là: une guérite sud coréenne à un bout, nord coréenne à l'autre; c'est le "Bridge of No Return", le pont dont on ne revient pas. Le franchir du Sud au Nord est relativement aisé, mais qui souhaite aller de la Corée du Sud dans le régime totalitaire du Nord? En revanche, passer du Nord vers le Sud - ce que tentent fréquemment quelques téméraires - est beaucoup plus difficile. Ceux qui s'y risquent mettent non seulement leur propre vie en danger, mais celle de leur famille restée au Nord et dès lors sujette à représailles. Or, outre ces passages clandestins, il y a souvent des escarmouches de frontière dont la Corée du Sud blâme invariablement le Nord, alors que le Nord publie probablement les mêmes plaintes à l'égard du Sud. Dans ces conditions et avec la différence des idéologies, je voyais mal comment une réunification pouvait se faire et aujourd'hui encore, réunifier le pays - quelles que puissent être les discussions à Panmunjeom - me semble bien utopique. Mais enfin, rien n'est impossible et qui eut pensé, il y a quelques années encore, à la chute du mur de Berlin et à la réunification de l'Allemagne?

Dante, quant à lui, dirigeait le Chosun, un grand et bel hôtel, mais qui aujourd'hui, avec les géants qui se sont construits alentour, parait bien petit. Or au temps où nous y étions, situé sur un léger tertre, il trônait seul, sans concurrence sérieuse, et ne désemplissait pas.

Aux soirées auxquelles nous étions fréquemment conviés, ces "parties" que j'aimais beaucoup, nous rencontrions d'autres hôteliers et la conversation portait souvent sur la clientèle et le taux d'occupation.

- What's your occupancy rate? demandait-on bien souvent à Dante.
- 110%, répondait-il en riant.

Ce n'était pas si faux. Pour éviter le risque des "no show", ces personnes qui réservent et ne se présentent pas, il arrivait souvent que le chef de réception réserve la même chambre deux fois pour les mêmes dates. "Dans l'hôtellerie, on vend du temps" me disait Dante, et j'étais amusée par l'expression. Avec ces "surréservations" en général tout se passait bien, mais il arrivait tout de même que toutes les personnes se présentent, auquel cas il y avait un problème. Dès lors, le moindre prétexte était bon pour justifier le manque de chambres.

- Nous vous attendions pour cinq heures, Monsieur. Il est presque six heures. (Il était cinq heures vingt). Vous comprendrez qu'en cette période de l'année…

Et l'on trouvait des chambres dans d'autres hôtels pour une clientèle néanmoins mécontente. Évidemment, quand on avait réservé au Chosun, on avait pas très envie d'aller à l'hôtel de la Poste.

- Dès qu'une chambre se libérera, elle sera pour vous. Vous êtes en tête de liste.
- Mais nous restons trois jours.

Et je me disais que pour trois jours, ils pouvaient supporter un hôtel de moindre catégorie, et aussi de moindre coût, quoique pour ces personnes le prix n'était pas une priorité. La clientèle consistait le plus souvent en hommes d'affaires qui profitaient d'une Corée en plein développement dont les produits, en ces années 1970, acquéraient de mois en mois une meilleure qualité, bientôt tout à fait comparable aux produits américains ou européens.

Quant à moi, je découvrais la ville.

Séoul avait eu huit portes, reliées entre elles par une muraille qui enserrait la ville, la protégeait des incursions étrangères. Des huit portes - ce qui avait suggéré au Chosun le nom du restaurant principal, "The

Nineth Gate", la Neuvième Porte, - il n'en reste aujourd'hui que trois, situées dès lors à l'intérieur d'une ville qui s'est considérablement agrandie; et devenues prisonnières de ce qu'elles défendaient! Elles sont monumentales, et South Gate notamment, la Porte du Sud, est encore impressionnante aujourd'hui. C'est un énorme socle de pierre - percé d'un arc sous lequel passent les voitures et les camions, une bonne part du trafic de la ville - surmonté d'un toit à angles relevés, classique en Orient.

La Corée est grand producteur de textiles et il suffisait d'aller à So Dae Mun, ou Nam Dae Mun, pour s'en rendre compte.

- To So Dae Mun, Mr. Ha, please. Pas besoin de m'attendre, je rentrerai par mes propres moyens.

Et je me perdais avec enchantement dans le dédale de cette immense halle où, d'une échoppe à l'autre, s'étalent les rouleaux de tous les brocarts, les lins, les cotons, les soies et les lainages qu'on peut rêver. Là, il faut aller avec déjà une idée très précise en tête car on est sûr de trouver. À s'y rendre en se disant "je verrai bien" on est étourdi par la quantité de tissus, lourds ou légers, mats ou chatoyants, par la quantité de couleurs, de dessins, de motifs, et on finit par acheter n'importe quoi. C'est ce que je fis au début. Depuis, j'ai appris. Non pas que je me sois acheté des tissus tous les jours, mais pour l'une ou l'autre de ces soirées auxquelles nous étions fréquemment conviés, il me suffisait d'imaginer ce qui serait adéquat pour l'occasion, pour la saison, et je trouvais toujours. "Elle fait venir ses robes de Paris" entendis-je une ou deux fois. Si tu savais, ma chère! Au bas de notre rue, il y avait un petit tailleur, dans une échoppe de trois mètres sur deux, au sol de ciment, avec un long miroir sans cadre dans un coin, qui me faisait parfaitement bien en trois ou quatre jours une très belle robe longue pour un prix dérisoire. Et avec ce que je gagnais au journal et à la radio, je n'avais jamais besoin de demander quoi que ce soit à Dante. Il faut dire cependant que le loyer, le personnel, les imports, la nourriture, même l'écolage des enfants, tout était payé par l'hôtel. Nos revenus étaient de l'argent de poche. Évidemment sur nos revenus n'étaient prévus ni pension, ni caisse de retraite d'aucune sorte. Si nous voulions penser à plus tard, c'était à nous de le faire. Mais qui, à vingt ou trente ans, se soucie tellement de ce que l'on fera à cinquante ou soixante ans? Or, si j'ai aujourd'hui une retraite confortable, c'est grâce au travail que j'ai effectué plus tard à Genève et au fond de prévoyance suisse! En Corée, les personnes âgées vivent le plus souvent avec leur famille. Les grands-parents s'occupent de leurs petits-enfants alors que les enfants - adultes - travaillent; et il est fréquent de voir plusieurs générations vivre sous le même toit - aussi pour des raisons économiques, je suppose; mais les liens affectifs sont plus étroits qu'en Europe ou aux États-Unis, par exemple.

À Seoul Foreign School, Frédéric et Adrienne se sont fait des amis et Frédéric un temps était très lié avec Yuha, un garçon d'origine finlandaise je crois. Adrienne, elle, avait pour amie Patricia, une fillette adoptée, bien sympathique. Or, il y a peu, Frédéric m'a annoncé que Yuha allait venir aux États-Unis. Mon fils s'en réjouissait et au jour-dit, est allé à l'aéroport attendre Yuha... et en est revenu seul. J'étais surprise.

- Yuha n'est pas venu?
- Je ne sais pas. Tu sais, Mom, je crois qu'on ne s'est pas reconnus.

Oui, les années ont passé et tous deux ont changé, bien sûr. Quel dommage.

Quant à moi, j'ai organisé des manifestations à l'hôtel - défilé de mode dans le "ballroom" du Chosun, exposition de dessins d'enfants - j'allais dans les écoles récolter des dessins que je vendais à la clientèle au profit de "Star of the Sea Children's Home", cet orphelinat où je me rendais de temps à autres.

Il neigeait.

- Qu'est-ce que vous croyez, Mr. Ha? On peut y aller?
- Les routes sont mouillées, mais pas verglacées. Ça devrait aller.

On est partis, Ha devant qui conduit, et moi derrière à regarder Séoul, puis les champs déjà blanchis. A côté, un cake, pris à l'hôtel en passant, et dans mon sac, une enveloppe avec 5 ou 600 wons, pas beaucoup, le profit de quelque vente. Je ferai mieux une prochaine fois. Et dans le coffre, un carton avec quelques jouets qui m'ont été donnés: des poupées aux robes un peu fanées et aux coiffures qui ont perdu leur éclat, des généraux dont les galons sont restés sur quelque champ de batailles, un petit train à la locomotive fatiguée tirant encore quelques wagons, toutes choses qui ont vu des jours meilleurs, mais enfin, ennui des uns, bonheur des autres. Comment va-t-elle, sœur Bernadette? Elle a été opérée, une maladie assez sérieuse je crois, mais elle s'en est remise. Elle voudrait retourner au Canada - ne fut-ce que pour un séjour - mais ce n'est pas facile, ne sait pas bien qui s'occuperait des enfants, tous ces petits déshérités, répartis entre plusieurs maisonnettes dont, avec quelques aides elle s'occupe depuis 35 ans. Le Canada après 35 ans, ce serait bien la moindre des choses!

Incheon, 10 km. On file. Il n'y a pas beaucoup de circulation par ce temps, mais il ne neige plus. Le ciel est uniformément gris et le soleil n'est pas près de percer. La campagne n'est pas des plus belles en cette saison, plus grise que verte, et personne n'y travaille, mais la route est sèche, droite, toute pour nous. De temps à autres on croise un camion, un de ces poids lourds qui ravitaille la ville probablement.

Incheon, 5 km. Un peu plus de voitures à l'approche de l'agglomération, mais pas un trafic bien dense tout de même. Les champs ont fait place aux maisons, quelques bâtiments de banlieue, de ces constructions pas bien belles, des usines, des immeubles locatifs sans grand charme et quelques carrés de verdure entre deux.

Incheon. D'habitude, on prend tout droit, la rue un peu montante jusqu'à l'orphelinat, mais aujourd'hui, il y a une chaîne en travers, allez savoir pourquoi. Il faut faire le tour.

- Savez-vous pourquoi il y a cette barrière, Mr. Ha?

Ma question est stupide. Il ne peut pas le savoir plus que moi.

- Peut-être qu'il y a des travaux.

On arrive par le haut et redescend vers l'entrée: deux poteaux soutiennent une barre transversale sur laquelle des mots sont assez joliment écrits: "Star of the Sea, Children's Home". On passe et on monte l'allée graveleuse jusqu'à la maison du haut. De part et d'autre s'étagent les maisonnettes des enfants qui ne sont pas très nombreux maintenant: ils sont tous à l'école. Je suis venue un dimanche, vite entourée de ces mioches aux frimousses fascinées. Alors j'en ébouriffe un, me mets à sa hauteur "Mais dis donc, toi, tu as perdu une dent? Montre voir." Et il rit, de toutes celles qui lui restent. Il y a les fillettes qui me tiennent la main, la jupe, apparemment heureuses de cette visite. Je sais que derrière chacun de ces enfants il y a un drame. Père alcoolique, mère prostituée, souvent des coups, des enfants arrivent blessés. Myong Su a eu la hanche brisée et marche encore avec des béquilles.

Il fait gris en cette fin d'hiver, mais il y a une promesse de printemps. Mr. Ha me conduit directement vers la maison du haut et j'entre dans le "salon" de réception: une pièce carrée avec un poêle au centre, une table et quelques chaises. Sœur Bernadette est en train de manger, me dit-on.

- Ne la dérangez pas, surtout. Je peux attendre.

Mais elle entre, en sa longue robe grise. Elle est un peu plus pâle, mais sourit. Je me lève à son entrée, suis heureuse de l'embrasser.

- Sœur Bernadette. Elles ne vous ont pas laissé finir votre repas.
- Si, si, j'avais fini.

Je pousse du pied le gros carton avec les jouets que Mr. Ha vient d'apporter, et sors de mon sac l'enveloppe avec le produit d'une dernière manifestation à l'hôtel.

- Ça, ça nous est bien utile, dit-elle.
- Combien avez-vous d'enfants maintenant?
- Trois cents, au dernier recensement, fit-elle en riant.
- Trois cents? Mais vous n'en aviez jamais autant!
- C'est que la pouponnière d'Incheon a fermé et on nous a apporté tous les bébés ici. On se serre un peu, mais ça va. Les frais, c'est plus grave. Les bébés, c'est des bébés, tout de même. Il faut des maisons chauffées et des fenêtres qui ferment. Et une alimentation adéquate.

Dehors passe une jeunette de quinze ou seize ans avec un tout petit dans les bras.

- Vous voyez, il en arrive tous les jours.

Je sais que celles qui s'occupent de ces enfants sont des mères célibataires ou des femmes répudiées par leur mari parce qu'elles n'ont eu que des filles.

Sœur Bernadette pêche dans le carton des jouets un général aux décorations un peu ternies.

- Ça, je le donnerai à Mok Il parce qu'il a souffert.

Je pense à Doris Schmutz, de Genève.

- Sœur Bernadette, j'ai une amie de Suisse qui voudrait parrainer un enfant.

- C'est bien. Cela pourra être pour Mok Il justement. Il faudra lui montrer des vues de la Suisse; et il aura une "oni", grande sœur.

- Une oni?

- Oui, on évite de dire une maman, parce qu'alors l'enfant pense à l'adoption. Oni, c'est très bien.

- Et Mok Il a souffert, vous dites?

- Oui. Il avait une petite sœur, une amour de gosse, il faut dire. Mok Il l'aimait beaucoup, la protégeait. Or la petite sœur a été adoptée et Mok Il est resté seul. Il a été très malheureux.

- C'est triste.

- Je sais. En général, j'évite ces adoptions qui séparent, mais c'est aussi priver un enfant d'un foyer, peut-être même d'un avenir.

- Mon amie sera certainement disposée à parrainer Mok Il.

Et j'espère ne pas m'être trop engagée en disant cela.

Il est temps de partir. Mr. Ha me tient ouverte la portière de la Mercedes et je suis un peu gênée de mes privilèges dans un environnement si modeste.

- Je n'ai pas apporté beaucoup aujourd'hui. La prochaine fois, j'espère apporter un peu plus.

- Si tout le monde donnait ça, hein?

Elle se tient là, dans son habituelle robe grise, elle qui depuis tant d'années apporte à ces petits déshérités un toit et un ersatz de foyer. Et qui sait? Peut-être qu'un jour certains d'entre eux, parmi les plus vifs, les plus intelligents, occuperont une situation privilégiée dans la société démocratique de la Corée du Sud et qu'ils se souviendront, avec reconnaissance, de ces années passées à "Star of the Sea Children's Home".

Yangju Orphanage

Chapitre 13

Ha roule vite. Il y a peu de trafic. J'aime beaucoup Mr. Ha, toujours soigné, toujours à l'heure. Intelligent et toujours d'une humeur agréable. Il s'est attaché aux enfants et apprécie, je crois, ce que j'essaie de faire. Il a souri tout à l'heure à Sœur Bernadette, a échangé avec elle quelques mots de coréen, une langue que je pourrais vraiment me donner la peinte d'apprendre. Je me trouve des excuses: tout le monde parle l'anglais, difficile d'apprendre une langue qu'on ne peut pas lire, nous ne resterons probablement plus très longtemps en Corée... Et si je devais apprendre les langues de chacun des pays où nous avons vécu! (J'en parle six, ce qui n'est déjà pas si mal!)

Le retour me parait plus court que l'aller. Adrienne, ma fillette, est tout heureuse de voir Mami arriver avec Mr. Ha. Elle a encore un bout de tartine à la main, que lui a donnée Miss Cho. D'habitude Mr Ha va la chercher à l'école, ainsi que Frédéric, mais aujourd'hui c'est un jour férié, une fête quelconque.

- Mami, do you have a party tonight?

C'est la question rituelle.

Il y a, bien sûr, à Séoul, des cinémas et des théâtres, mais films et pièces de théâtre sont parlés en coréen. Parfois les films sont sous-titrés, mais il est ennuyeux de devoir toujours lire les sous-titres et perdre un peu de l'image. Dans la salle, il y a des crachoirs et par intermittence on entend des raclements de gorge pas très plaisants. Aussi, les sièges en bois ne sont pas des plus confortables et les scénarios sont souvent un peu naïfs - du moins l'étaient-ils dans les années 1970 – où la belle captive est délivrée par le héros, jeune et intrépide, qui finit par l'épouser. Ce sont les productions de Bollywood, le Hollywood coréen, qui connaissaient un franc succès, et le connaissent encore, j'imagine. Et les scénarios ont certainement évolué.

Or plutôt que les cinémas, c'était les invitations - ces "parties" - chez les uns ou chez les autres qui réunissaient la population occidentale. J'aimais beaucoup ces soirées, toujours gaies, sympathiques, où l'on rencontrait le plus souvent des personnes intéressantes, intelligentes, quelques membres de ministères ou d'ambassades, et ce généralement dans de beaux cadres, villas ou jardins. J'aimais beaucoup l'Ambassadeur de France, par exemple, et lui parlai de mon travail à la radio.

- Ah, c'est intéressant, dit-il. Et à quelle heure est-ce qu'elle passe, votre émission?

- À trois heures du matin, intervint Paul Benz, un industriel suisse pour lequel j'avais aussi beaucoup de sympathie. Quand tout le monde dort!

On en rit, évidemment, moi la première. Plus tard je les revis, Paul et sa femme Ute, dans leur très belle villa de Suisse, aux environs de St Gall. Elle se plaignit un peu beaucoup de son mari. "Il ne fiche rien" disait-elle. Mais qu'espérait-elle donc? Qu'il passe l'aspirateur ou s'occupe de la lessive? Et ne se rendait-elle pas compte que si elle vivait dans ce beau cadre, c'était grâce à lui et au travail qu'il avait effectué pendant des années?

Or pour l'heure, Dante et moi connaissions à Séoul une vie très mondaine et chaque soir ou presque il y avait une réception quelque part. Chez nous aussi et en cela j'étais très privilégiée. Il me suffisait d'aller au Chosun et de parler avec M. Agassiz, le Chef.

- Nous aurons une quinzaine de personnes chez nous demain soir. Vous me faites quelque chose de bien, comme d'habitude.

J'en informai aussi le "Food & Beverage Manager" et ma contribution s'arrêtait là.

Ainsi en fin d'après-midi je voyais arriver la camionnette de l'hôtel et tout un monde - sommeliers, cuisiniers, fleuristes - prenait possession de mon rez-de-chaussée. Bientôt la longue table de la salle à manger se garnissait de plats - chauds et froids - de charcuteries et autres viandes, de légumes divers, même de fromages - quoique les Coréens n'en soient pas très friands - et de desserts: crèmes, gâteaux et autres pâtisseries. Aussi, quelques bons vins et des boissons sans alcool, en général la préférence des dames. Nous ne proposions pas de plats coréens: pas de kimtchi - des choux longtemps macérés dans une préparation au vinaigre et à l'ail - parfois pourtant du boulgogui: de fines tranches de viande - en général du bœuf, marinées - mais en fait chez nous les mets étaient plus européens que coréens. Comme je n'avais pas de cuisine à faire, pas de plats à préparer, je pouvais me consacrer à ce que j'allais mettre. En général j'hésitais; et devant une armoire pleine, estimais que, bien sûr, je n'avais rien à me mettre. Plutôt que sur une robe, mon choix se portait le plus souvent sur une jupe et une blouse assortie. C'était élégant sans l'être trop, et lorsque la réception avait lieu chez nous, j'étais attentive à choisir une tenue plutôt modeste.

- Boudy, qu'est-ce que tu crois? La grise ou la bleue?
- La grise, disait-il.
Je choisissais la bleue.
- Pourquoi tu me demandes si tu choisis quand même l'autre? disait-il fâché, à juste titre.

C'est que, réflexion faite, je trouvais l'autre quand même plus adéquate, mais en général je me rangeais à son avis, ou ne le lui demandais pas.

Dante a un sens inné des couleurs, ce que je voyais dans le choix de ses cravates, ou mieux encore dans les tableaux qu'il lui arrivait de peindre et je regrettais qu'il ne peigne pas plus souvent.

À Séoul, je remarquai combien insensiblement le niveau de nos connaissances s'était élevé. À notre arrivée nous n'étions inclus qu'aux soirées de secrétaires qui, avec leur mari, nous recevaient dans des intérieurs plaisants, mais très modestes. Dès lors, nous étions fréquemment invités dans les salons d'ambassadeurs ou de ministres.

- Ça, c'est toi, me dit Dante.

Grâce à moi? Il est vrai que bien souvent j'avais suppléé à son manque de conversation.

Dante est plus intelligent que moi, plus vif d'esprit, mais moins bien préparé à la vie. Élevé dans un milieu modeste, voire pauvre, et plus souvent complimenté que blâmé, il en a développé un égocentrisme qui me rendait les choses très difficiles; tant de nuits seule, et souvent aussi des coups. Si une gifle me laissait une marque sur la joue, je la dissimulais sous du maquillage; si un coup de pied me laissait un bleu à la jambe, je le dissimulais aussi, mais les bleus à l'âme étaient plus difficiles à effacer. Et je posais cette question si souvent posée (par moi-même ou par d'autres, j'imagine) dans les mêmes circonstances: pourquoi. Oh, Dante, pourquoi? Cela ne résolvait rien, bien sûr, contribuait plutôt à son agressivité parce qu'il n'avait pas de réponse. Que faire pour nous rapprocher? Nous concilier? Nous étions si différents. Je payais l'attrait que j'avais ressenti pour des raisons superficielles - son physique - sans chercher des motifs plus profonds, plus solides.

Mais que de compensations aussi. Nous vivions dans une belle maison où je n'avais pas grand-chose à faire. Miss Yun rangeait nos chambres, y mettait de l'ordre, faisait voleter un rapide plumeau sur les boiseries, les sièges, chassant les quelques grains de poussière qui pouvaient s'y trouver, faisait les lits, et si Dante et moi avions plutôt tendance à suspendre nos vêtements dans la penderie, ceux-ci chez Frédéric et Adrienne étaient généralement disposés de façon à garnir un meuble ou le tapis. Pourtant aujourd'hui, adultes, ils ont l'un et l'autre de l'ordre dans leurs affaires ce qui, plus que d'une éducation très tolérante, leur vient de l'atavisme peut-être, ou de l'exemple, ou simplement du désir de vivre dans un endroit bien rangé plutôt que dans un capharnaüm.

À la cuisine, Miss Cho, notre cuisinière, s'affairait dès le matin à préparer tel menu selon l'inspiration du moment, selon aussi les produits que Mr. Ha, notre chauffeur, rapportait de l'hôtel; une liste que je ne vérifiais jamais et dont une part passait peut-être bien dans son propre sac à provisions. Les menus de Miss Cho n'étaient pas très variés - nous avions souvent les mêmes plats dans la même semaine, mais c'était très bon et il s'agissait d'une cuisine à l'européenne et non pas de plats orientaux, ce que Dante, les enfants et moi-même aurions moins apprécié. Les goûts se forment dans l'environnement de l'enfance et il est rare, je pense, qu'ils changent beaucoup au cours des ans. Les Chinois aiment le riz, les Coréens aiment le kimtchi, les Italiens, les spaghettis; et les Suisses? La fondue par exemple, au bon lait des vaches de nos bons pâturages.

J'étais, quant à moi, dispensée des tâches ménagères. Lorsque plus tard en Suisse, j'avouais que pour nous quatre - Dante et moi et nos deux enfants - nous avions quatre personnes à notre service, cela paraissait abusif, et très privilégié. Mais dans un pays en voie de développement - un développement très rapide d'ailleurs - cela ne semblait pas exagéré. La plupart des familles aisées - européennes, américaines ou coréennes – disposaient d'aides dans les mêmes proportions.

Au cours des huit années que nous avons passées en Corée, je n'ai pas appris le coréen, mais de quelle utilité cette langue m'aurait-elle été dans les circonstances qui furent les miennes par la suite? Nous allions quitter la Corée où j'avais craint de venir, le nord, le froid, après le Sud-Est Asiatique, et pourtant, combien je l'ai aimé, ce Pays du Matin Calme.

Où irions-nous? Je me le demandais jusqu'au jour où, à Huam Dong, je reçus un appel téléphonique du Chosun. Dante avait reçu une offre pour la Vice-présidence d'un groupe d'hôtels à Mexico. Ainsi, ce serait le Mexique. Je ne savais pas trop qu'en penser, mais j'étais heureuse qu'une offre se soit présentée - et prestigieuse.

Mexico City 1981
Mural O'Gorman Mosaic

Chapitre 14

Je n'ai pas gardé de Mexico un souvenir enthousiaste. Mais il faut dire que Dante et moi n'étions déjà plus très proches l'un de l'autre ; plus proches du tout même.

Nous avions loué une villa, pas très grande, sur un étage, mais avec un très grand jardin où couraient les chiens Prince, notre collie, et Benny, un petit roquet que je n'aimais pas beaucoup et qui un jour a disparu.

Dante ne venait que de loin en loin. Il avait pris un appartement au centre-ville je crois, et il y eut ce jour où il vint encore chercher les quelques effets qui lui appartenaient, retraversa le jardin et passa le portail qui se referma avec un bruit sourd. Et voilà. C'était fini.

Je restai seule avec les enfants, et Tere - pour Teresa, je suppose.
- Un cafecito, Senora ?
- Si, Tere, gracias.

Mais elle sentait bien que l'atmosphère était triste et elle non plus ne resterait pas longtemps. Alors je me mis à faire les achats, la cuisine, le ménage, des tâches dont je ne m'étais pas occupée jusqu'alors, mais ce n'était pas déplaisant.

Puis Dante reprit les enfants. Eux-mêmes étaient heureux de vivre avec Daddy qui leur offrait plus que je ne pouvais leur donner, malgré tout l'amour que j'avais pour eux. Alors j'ai avalé un tube entier de somnifères, mais Dante m'a trouvée, a appelé un médecin qui m'a sauvée. Ce n'était pas mon heure. Seule, triste, je n'allais pas rester à Mexico. Je fermai la maison, rendis les clés et pris l'avion pour Genève.

Il me faudrait trouver un travail. J'avais un certificat de traductrice, mais plus utile encore, un diplôme de secrétaire. Traduire ? Je pouvais d'anglais, d'allemand, d'italien, d'espagnol et de russe, en français, mais pas l'inverse. Ou sinon de façon peu idiomatique, voire avec des fautes, en russe surtout. Un travail de secrétaire ?

- J'ai un remplacement à vous proposer, me dit-on à l'agence de placement où je m'étais présentée. Trois mois.

Je ne m'étais pas étonnée alors qu'on me propose un remplacement de trois mois. Se pouvait-il qu'une titulaire s'absente si longtemps puis récupère le poste ? Je ne me posais pas la question. En fait, il s'agissait d'un temps d'essai. Un test. Si je donnais satisfaction, je restais et le poste devenait permanent. Sinon, le « remplacement » se terminait.

Un fax ? Un telex ? Jamais je n'avais utilisé ces machines, ne savais même pas qu'elles existaient. J'envoyais les autres secrétaires, qui plaisantaient, riaient, sûres d'elles. Avec moi le ruban du telex s'embrouillait et le texte se chargeait de signes cabalistiques ; le fax se bloquait et je ne savais pas comment retirer la feuille. Et puis, j'étais si triste. Mais auraient-elles su faire, ces secrétaires, ce que j'avais fait pour mon mari, là-bas, à Hong Kong, à Bangkok, à Séoul, dans cet Extrême-Orient auquel je ne devais plus penser ?

J'avais un joli appartement à Thonex, au 10e étage d'un immeuble neuf, avec une vue qui d'un côté s'étendait jusqu'au jet d'eau de Genève, et de l'autre sur la Savoie et par temps clair jusqu'au Mont-Blanc au sommet enneigé.

Un travail. Comment m'a-t-elle dit à l'agence que s'appelait la firme ? Chino Zells, quelque chose comme ça. Je verrai bien le nom sur une plaque ou sur une boite aux lettres. Rue de Lyon. Chinon Sales S.A. 2e étage.

- Monsieur Frei ? Au fond du corridor, à gauche.

C'était, dans un très grand bureau, un homme de petite taille, énergique, mais qui ne me donnait pas l'impression d'être très sûr de lui, ce qui n'était pas fait pour affirmer ma propre confiance en moi.

- Ah, Madame Naef !

Il m'accueillit comme le Messie. Qu'attendait-on de moi ? J'étais si peu capable, si peu confiante. J'avais repris mon nom de jeune fille et au reçu du nouveau passeport, j'avais versé une larme. Oui, Dante David, c'était bien fini. Mrs. David, c'était là-bas, dans une autre vie.

Les jours suivants, M. Frei me dicta des textes à passer par fax ou par telex et comme précédemment le ruban du telex s'entortillait, le papier du fax se coinçait dans la machine, rien ne se passait comme il aurait fallu.

- « Qu'esse ce boulot », dit-il, et mon moral, déjà bas, sombra de quelques degrés encore.

Bientôt j'eus l'occasion de me rendre compte de la compétence de Max Frei. Sans le moindre papier, sans le moindre aide-mémoire, il dicta à deux secrétaires – une collègue et moi-même – un texte interminable. Lorsque l'une tapait, l'autre prenait sous dictée, et inversement. Et M. Frei dictait, sans jamais se reprendre. Nous fûmes impressionnées, l'une et l'autre. Le niveau des compétences en Suisse est vraiment très haut.

La firme n'était pas très grande, sur un étage, comptait sept ou huit bureaux, occupés par des messieurs – tous directeurs de quelque chose : finances, marketing, achats – et les secrétaires attitrées à chacun d'eux. La maison-mère était à Londres.

Et vint ce lundi où, en fin de journée, M. Frei me demanda si je pouvais rester un peu plus longtemps.

- Je vais a l'aéroport chercher M. Horal, dit-il. Je vais quand même vous présenter, mais je ne crois pas que ça ira.

Moi non plus. Et j'attendis dans ce bureau, assez joli, qui donnait sur un bout de jardin et sur les platanes de l'avenue d'Aire. C'était une fin de journée, les bureaux s'étaient vidés, mais il faisait encore clair. On n'entendait plus le bruit des machines : fax, télex, mémosphère, qui, plus tôt, ponctuaient les heures de leur cliquetis ou de leur bourdonnement.

Que faisais-je là à attendre pour que d'ici un jour, ou deux, je sois aimablement remerciée. Mais je n'avais rien à perdre. Bien au contraire.

Puis j'entendis la porte principale s'ouvrir, se refermer, des voix le long du corridor, et soudain s'encadra dans le chambranle de mon bureau l'image d'un homme grand, solide, dont émanait une force que je n'avais plus ressentie depuis longtemps.

- Horal, dit-il, et je sentis remonter en moi quelque chose que j'avais cru mort.

C'était Jan, que je n'ai jamais appelé par son prénom, bien que nous soyons devenus très proches. Cela me semblait inconvenant. Sir.

"Good morning, Sir. Yes, Sir. Thank you, Sir. Et « Sir » est resté et c'était très bien ; lui qui m'a si souvent posé des questions sur ma vie d'avant le retour en Suisse, avant le secrétariat et le besoin, l'obligation de donner satisfaction, ce temps où j'étais Madame David devant qui l'on s'inclinait ou se hâtait de répondre au premier désir, choisissait une table dans l'un des restaurants et tirait la chaise pour que j'y prenne place ; ou devant l'entrée principale tenait ouverte la portière de la voiture que Mr. Ha conduisait.

C'était Leysin d'abord, cette première étape vers des horizons qui allaient tellement s'élargir, cet hôtel de montagne où, de la cafeteria je courais aux étages, si jeune, si inexpérimentée, mais au-dessus, on sentait la poigne de Dante qui, lui, en imposait déjà.

Puis la grande enveloppe jaune arrivée du bout du monde, contenant un nouveau contrat et le départ vers l'Extrême-Orient, ce premier départ où les sons, les couleurs, les climats, les peaux basanées et les modes de vie me frappaient avec toute l'intensité de la nouveauté.

Hong Kong. À l'arrivée dans ce qui était encore une colonie britannique et malgré l'heure tardive, alors que chez nous tout s'éteint, la vie là ne s'arrêtait jamais et la ville active, bruyante, brillante vibrait à toute heure, de nuit comme en plein jour. Avec le retour par l'est, on bouclait un premier tour du monde. Mais que la Suisse et le nord de l'Italie paraissaient sages, ordonnés, trop calmes, et combien l'Orient, l'Extrême-Orient, exerçaient déjà cette irrésistible attraction. Quel bonheur alors de vivre le retour vers l'Asie, de revoir à Hong Kong l'incessant trafic de Nathan Road, aussi les samlors, les hapsung, et sur le bras de mer qui relie Kowloon à l'île, les jonques et les sampans. Plus haut aussi, sur la colline du « Peak », le chemin panoramique dont on fait le tour en trente minutes, où l'air est plus frais et d'où la vue s'étend sur la mer et sur la ville. Combien il m'a manqué cet Extrême-Orient les premiers temps de notre vie sur la Riviera italienne où pourtant, après un ou deux mois, je l'ai bien aimé cet endroit : la petite ville, pleine de charme, le bord de mer, et la beauté de l'hôtel aussi, que Dante dirigeait très bien. Frédéric, lui, s'est adapté à sa nouvelle école en un temps record, comme aussi à la mentalité de l'endroit, à la langue, et se mit à parler un italien plus idiomatique que le mien. Il connaissait les footballeurs de la « squadra azzurra » et m'enseigna le nom des équipes et des joueurs. Nous jouions nous-mêmes au ballon et je m'appliquais à shooter, à arrêter et renvoyer la balle, le tout sous l'œil de Grizou, l'ours en peluche.

Savais-je alors que nous y retournerions, dans cette Asie qui me manquait ? Oui, en Thaïlande d'abord, puis plus au nord, dans ce pays qu'on dit celui du Matin Calme, dans cette Corée que j'ai tant aimée, où nous passerions huit ans. Et aujourd'hui, riche de mille images, de sons, de couleurs, de senteurs qui eussent rempli plusieurs vies, dans mon bel intérieur américain, je revois et je revis les impressions d'alors.

Dans le bureau, je me présentai en m'inclinant un peu. Il me balaya du regard de la tête aux pieds et retour et je soutins l'examen avec un demi-sourire. « Interesting ». Il allait dire « interesting ».
Il fit un pas en direction de son bureau puis s'arrêta, me regarda. « Interesting » fit-il, et il s'en alla.
Les jours suivants, il m'appela, me dicta du courrier, avec lenteur, mais peu à peu accéléra le rythme. Je lui sus gré de cette progression qui tenait compte de mon manque d'expérience. Et à quelques jours de là :
- Come, I take you for lunch.
Il m'invitait à déjeuner ; moi qui avais toujours été exclue !
Au cours du repas, il me posa des questions sur ma vie d'avant le bureau et je parlai de Hong Kong, de Bangkok, de Séoul.
- À Tokyo, nous descendions à l'hôtel Okura.
- Oui, c'est là que je descends aussi. Un bel hôtel.
Puis il me demanda :
- Quelles étaient les causes de votre divorce ?
- Oh, nous étions trop différents. Il venait d'un petit village, au nord de l'Italie, moi d'une ville en Suisse. Nos études, aussi ; nos familles ; tout était différent. Mais nous avons eu de belles années ; et de beaux enfants. Et lui-même était un bel homme ; c'est ce qui m'a attirée. Une vie intéressante aussi ; lui, hôtelier, dirigeant de grands établissements, en

Asie du Sud-Est d'abord – Hong Kong, Bangkok – puis du Nord-Est – Séoul, en Corée. La Corée du Sud, heureusement. Celle du Nord n'est pas très tentante, et je ne pense pas seulement au climat, mais surtout au régime politique.

Dès lors, c'était la vie de bureau, huit heures par jour. Oh, ce n'était pas triste, mais il fallait s'y faire : fax, telex, machine mémosphère. J'ai appris. Et ma sténo : si lente au début. Je m'étais liée d'amitié avec l'une ou l'autre des collègues, une de ces amitiés passagères, superficielles, des collègues avec lesquelles j'ai perdu le contact depuis lors. Et puis, il y avait Jan. Mr. Horal, auquel je dois tant. Il m'a rendu mon optimisme, ma confiance, m'a tirée du gouffre où je sombrais. J'avais droit à cinq semaines de vacances par année. C'est beaucoup. Je les répartissais deux, deux et une. Et j'ai voyagé, en Asie bien entendu. J'étais au Népal, ai goûté du thé au beurre et des steaks de chameau, pas très différents de nos escalopes de veau. À Katmandu, comme en Inde, j'ai admiré les saris, ces soieries chatoyantes dont les Népalaises s'entourent la taille et laissent flotter jusqu'au sol, et le petit boléro assorti. Dans les échopes, le long de ces ruelles tortueuses, j'ai revu les gros sacs de jute qui en garnissent l'entrée, ai respiré le parfum des épices, ces senteurs de l'Orient, et j'ai réentendu le martellement de l'artisan qui, assis sur son escabeau, façonne ces grands plateaux de cuivre, de bronze ou d'étain.

Mais ce n'était qu'une brève période, une semaine ou deux. Ma vie désormais était à Genève, une belle ville au bout du lac, propre, organisée, où tout fonctionne et dès lors, à chaque retour de voyage, j'ai vraiment apprécié de vivre dans un pays où le niveau de vie est haut : pas de mendiants dans les rues, pas de malades ou d'estropiés espérant quelques sous dans leur sébile, pas de gens en haillons, et non plus de cette chaleur écrasante qui vous enlève toute énergie, ni de cette poussière que soulève chaque véhicule à son passage. Pourtant, et malgré tout le confort que m'apportait ce retour, il m'arrivait de regretter l'exotisme que je venais de vivre, encore si proche de ma mémoire. C'était la fin d'une aventure, à ne plus revivre que par la pensée.

Et combien de fois par la pensée y suis-je retournée vers cet Orient pauvre, sale, misérable – et merveilleux. Riche de mille senteurs, mille saveurs, mille couleurs, riche de sons et de lumière, de toutes les misères du monde et de toutes les splendeurs du monde, cet Orient qui vous échappe, vous saisit, vous envahit, vous prend aimablement par la main et ne vous lâche plus. Combien de fois par la pensée y suis-je retournée, vers ce sud-est de l'Asie, vers cette parcelle d'Extrême-Orient, dans cet Orient que j'ai connu.

Geneva

Propos de l'auteur

  Marianne Naef von Spiegelberg est née à Zurich en Suisse en 1938. Elle a grandi à La Tour-de-Peilz au bord du Lac Léman. Lorsque son père s'est vu offrir le poste d'Administrateur Délégué de la firme Hispano-Suiza à Genève, toute la famille s'est installée à l'autre bout du Lac Léman.

En 1961, en vacances en Espagne, elle a rencontré son futur mari, M. Dante David, originaire du Val d'Aoste en Italie. Alors qu'il débute sa carrière dans l'hôtellerie, c'est là que commencent leurs aventures en Extrême-Orient. Cependant, après leur divorce au Mexique, Mme Naef est retournée en Suisse où elle a travaillé dans le secteur de la production de caméras pendant de nombreuses années. Pendant ce temps, elle a écrit, outre le présent ouvrage, un recueil de poèmes intitulé "A Temps Perdu". Mme Naef est actuellement à la retraite et vit avec son fils et sa famille en Caroline du Sud, aux États-Unis.

THE ORIENT THAT I HAVE KNOWN

Marianne Naef von Spiegelberg

DEDICATION

It is to my son Frédéric that I dedicate this book in recognition
of all his efforts and attentions toward me.

SPECIAL THANKS

I also wish to give my thanks to Mrs. Lysiane Bashford
for editing this book.

Lastly, I am grateful to Mrs. Vickie Holt for her work
in the publication of this book.

Marianne Naef von Spiegelberg

THIS ORIENT THAT I HAVE KNOWN

Chapter 1

We have seen so many things, Dante, under so many latitudes, climates, ideologies, seen so many ways of living that my story will certainly be incomplete. You would have said things differently, but I try to best render the multiple impressions that time has not erased.

I see again in your valley this bus which followed a sinuous road between mountains too close and at each contour, I hoped that nature would open up, that we would emerge on a high plateau, leaving behind the villages so poor, steep-sided, where we were only to see the sun for a few hours a day. From time to time the bus would stop between the houses of a hamlet, let out a peasant woman in a thick woolen skirt, her basket in her arm, load one or two workmen whose cabin stank of black tobacco smoke, and started again in the roar of the engine. This is a long valley. Was it finally going to widen? And the bus climbed, the air became cooler, almost cold in this late summer. Live there?

Buy yourself one of those black skirts, said Georges, my brother, who was accompanying me. It's the fashion around here.

I laughed, tried to chase away a background of worry without quite succeeding. And I compared these poor houses with the villa of our parents, Beau-Chêne, this beautiful property with its steps; the heavy oak door, the entrance hall giving access to my father's library and office; next to it, the large living room with Empire furniture, the grand piano; the veranda and the glass door opening onto the garden; the dining room that can accommodate a dozen guests; the kitchen where Aunt Anne, my father's sister, worked, who, since her husband's death had been living with us, prepared the meals and prepared them well; and above the rooms of my brothers, Georges and Paul, that of visits, staff; bathrooms and balconies on each floor. The road we were following was a little depressing, but knowing that I was pretty, beautiful, some said, I was not going, at twenty-one, to be brooding. And with Dante, tall, well built, with, at twenty-five, the face of a young premier, I knew that we formed a very beautiful couple. But his letters, full of sincerity and spelling mistakes, in a direct style, rough like him, did not reveal to me a very solid background.

We had met in Spain, in this seaside hotel south of Barcelona, in what, in that summer of 1959, was still a very small fishing village, Calafell, with two new hotels and a long sandy beach, very beautiful. My parents had reserved rooms there for themselves, my two brothers, and me.

As soon as I entered the hotel lobby, I saw him, this handsome man, head of reception, who greeted guests with due deference and I knew he would be my husband.

Every morning, I passed in front of the reception, on my way to the beach and I felt his gaze following me. But was he going to contact me, finally? I was a little surprised at this hesitation, until the day when this first contact took place, I don't know how. From then on, we saw each other every day, unbeknownst to my parents. That afternoon, we were standing on a hotel terrace, but in a discreet corner.

Did you go to the Ecole Hôtelière de Lausanne? I asked him.

Yes, four years.

And you have the diploma, David?

Dante. Of course, I have a degree.

This opened up new perspectives. He didn't seem to realize it. And why did he always add his name to his first name?

We saw each other so frequently; it is surprising that my parents did not notice anything. Later however, towards the end of the stay, they realized that there was sympathy between this Monsieur Dante and their daughter.

But I soon learned that Dante was the first name, and David the last name, and not the other way around. So, if necessary, I would be Madame David. This disappointed me a bit. My father, like myself at the beginning, had also done the inversion, and he called him Monsieur Dante.

I stayed in Calafell for a week longer than my family, helped out at the reception and Mr. Alorda, the owner, was delighted with this help which cost him nothing but a few meals. I took care of the correspondence, in four languages, sometimes the telephone, under the instructions of Dante, a demanding leader, even harsh, without too much consideration. Then I joined my parents and my brothers at the Ritz Hotel in Barcelona, with a slight feeling of moving from one world to another. During the following seasons, we maintained contact, Dante and I, by correspondence, and the following summer I returned to Calafell at the wheel of my Topolino. Dante was a receptionist and I worked as a secretary, typing mail in French, German, English and Spanish. Jaime Alorda, the owner, was so happy to have us. In the afternoon, when we were free, we would go to Sitges, the small neighboring town, order a "bocadillo": a large slice of brown bread soaked in olive oil and covered with slices of tomato. At night, Dante joined me in my room, leaving me in the early morning. Appearances still had to be respected.

It was a happy time, of carelessness, freedom and promise for the future.

At the end of the season, with the hotel closing its doors, Dante and I returned north through the schoolboys' path, crossing Spain to the west, then north through France. As our relationship lasted, and seemed serious, my parents went to Gressoney, Dante's village in the Aosta Valley, and met his parents, his brothers and his sister. If they had hoped for me to have, perhaps, more prestigious relations, they did not show it; but it is true that if the family was modest, there was in them a confidence, an unassuming character, which aroused pleasure and immediately made the relationship easy, pleasant. Mom had found Mercedes, Dante's sister, charming.

There was an engagement party at Beau-Chêne, and Dante, as so often, self-confident, easy-humored, made an excellent impression.

We got married in November, on a beautiful fall day, and I looked very pretty in my long white dress.

I wouldn't have believed it, Georges told me. It was holiday flirting.

I laughed.

The civil wedding had taken place at the Town Hall of Eaux-Vives in Geneva, and I wondered if the religious wedding would raise a problem, Dante's family being Catholic, and ours, Protestant. But neither of our two families being very religious, this caused no controversy and the wedding was celebrated in the Temple by the pastor to whom we had assured, previously, that the children, if there were to be any, would be brought up in the Protestant faith. The question of religion has never caused the slightest controversy between us.

We had a honeymoon in Vienna and I remembered the stays I had had there with my parents. I saw again with pleasure the "Spanish Reiter Schule", this equestrian show which for Dante was new, in which he had an interest; and we tasted the delicious pastries of Maison Sacher. But if for me this stay aroused both the pleasure of reminiscences and that of doing it with my husband, it seemed that for him it had very little appeal. Everything passed over him like water over a feather. This stay, does he still remember it? I was wearing a set bought by my mother: a red woolen dress and gray coat with red lining to match the dress.

On the way back, Mama reproached me. "You should thank Dad, though. It is thanks to him that you made this trip." It was true. "Thank you very much, Dad."

But I felt my father was a little jealous of his son-in-law who stole his daughter from him. A father's reaction, I think, and which proved his attachment to me.

We settled in Gressoney, in a new building, a little away from the village. Four bright rooms, quite spacious, but in one of them, which I would have liked to make a guest room, I saw with regret boxes of old shoes, bric-à-brac to put away, just piling up.

Dante, we could clear this room and make it a guest room.

The slap went off, stinging, brutal. I looked at him, eyes wide with pain. Why such a violent reaction? Was he angry with me for having luxurious tastes, or that he deemed such? And I realized, as I had already had that feeling, that with this man I would have to be both wife and mother. Dante, intelligent, understanding things like a quarter turn, was like an uncut, rough stone of value. He had to be polished to bring out all its brilliance. It was necessary to use intuition, psychology to bring him little by little to a greater tolerance.

In our apartment in Gressoney, I wrote letters and attached a resume, to the addresses given to me by the Ecole Hôtelière de Lausanne. How many of these letters have I written, which Dante signed without reading them? He was so convinced that it wouldn't work, and deep down looking forward to laughing at these wasted efforts. At home, when he had to be absent, I had noticed he also liked these false starts which exacerbated the pain. He left, the hero who leaves, then came back - ah, we still have him for a minute, but he will leave. It's so sad. He left, then came back, like this two, three times, until his family, his mother in particular, was in tears. I hated this comedy. He had tried the thing with me, had left, then returned, and from then on hoped to see me in tears. And me: "Did you forget something?" He hadn't appreciated it. He had made this act when he left for Spain, as if he were leaving for ten years in the gulag!

Life in Gressoney was very pleasant. In the morning, I tidied up our rooms, then went to do some shopping in the village, the soles of my après-skis crunching on the snow on the path. Passing by, I admired the photos of Lino, the photographer, who displayed magnificent shots of Monte Rosa, these spectacular sunsets which set the mountain ablaze, spreading their fires on the surrounding peaks.

The four brothers were very gifted: Davide, Nando, Dante and Claudio. And Ilario, Mercedes' husband. They formed three or four voice choirs which I felt should have been recorded. Dante loved to paint and I still have a painting from his palette in my bedroom (a landscape, his favorite subject). Nando made wood carvings and a chiseled log took the shape of a body or an object in his hands.

It was snowing. The Weissmatten slope was open and I often went skiing too. I saw Dante, Maestro, followed by a string of brats learning the stem or the christiania. Between one lesson and the next, it happened that we could descend together.

Come on! I have an hour.

Delighted, I took the ski lift with my husband, then followed him through the dips and bumps of the track at a pace that pushed me beyond my usual abilities.

It was in February 1962 that the letter that was to give such a boost to Dante's career reached us.

"Sir,

"This is to inform you that Mr. Frédéric Tissot, Director and main shareholder of Leysintours Hotels, and myself, have selected your application for the position of Director of the Grand Leysin Hotel. Could you be with Madame David on … February in the offices of Leysintours… Waiting… etc..." It was signed by C. de Mercurio, Director of Hotels.

I jumped for joy, ran to the slopes, and waved the letter. "Dante, Boudy, look! You have been offered the management of the Grand Hotel de Leysin." I saw him perplexed, and did not understand. Wasn't he happy? In fact, he was torn between the problem of having to admit that my letters, those letters I wrote, which he signed without reading and which he hoped to laugh at, were bearing fruit. And what fruit! But also flattered to be offered a prestigious position.

That's nothing. It's not true. De Mercurio wrote only because he said he would write.

What do you mean, nothing? Not true? He is offering you the management of the Grand Hotel!

I left him, a little chilled, but still keeping in me the certainty of prospects which had suddenly so widened. Immediately, I prepared an answer. Thanks. Happy with the trust shown. Assurance of my best efforts... A letter that this time he took the trouble to read.

Alright, he said. And he signed.

Shortly after, we had, in the offices of Leysintours near the Grand Hotel, an interview with Mr. Frédéric Tissot, Director and main shareholder of the hotels, and Mr. Carlo de Mercurio who until then had managed the Grand Hotel and also, unless I was mistaken, one or two other hotels in the resort, who was going to take up another business and recommended our candidacy. I was grateful to him and we gave him a present, but I don't remember what. The final decision, however, rested with Mr. Tissot. Dante made a very good impression, as often. I had been more reserved, even shy.

Madame David will need a little help at first, he said.

It is true that I had shown myself to be much less confident than my husband. Whatever. Dante was Director of the Grand Hotel and I was grateful to the Administrator for trusting us. Later, I remembered the confidence that Mr. Frédéric Tissot had shown us and suggested this first name for our son. Dante nodded, unaware that I had been thinking, in reference, of the one who had set us on foot. Our son is called Frédéric. But it must be said nevertheless that we like this first name very much and that if Mr. Tissot had been called Ignace or Euzebe, I would have had some hesitations.

Coming out of the interview, Dante had a look for this large building which stood there, in front of us, dominating the resort.

I mean, can you believe it! To manage this!

He was very proud of it, preoccupied too, but had no word for me, for these letters which I wrote and which he signed without reading. Whatever. I was happy too.

I remembered this friend, Monique, with whom I had studied for so many years: the École Sup. in Vevey, then the Gymnasium in Lausanne (for me, there was then the ETI - École de Traducteurs et d'Interprètes, School of Translators and Interpreters - in Geneva and Mlle Narguiledjian's secretary course). I saw Monique again shortly after my marriage. Her parents owned the Hôtel du Lac in Vevey.

I am looking for a management position in Switzerland for my husband.

An Italian? At twenty-seven? But Marianne, you have no chance.

Is that so?

It was snowing the day we arrived.

We had been reserved a nice room in the left wing, before we moved into the adjoining villa, which Dante was going to oppose. For the moment we had a spacious room from which I could see the snowflakes falling outside, a curtain of whiteness, a magical picture, the fir trees all laden like in a children's story. It was very beautiful.

A porter dropped off our bags and Dante tipped him.

Grazie, Direttore.

Did you hear that? said Dante to me when the other had left the room. He called me Direttore.

But Dante, that's what you are.

Was he going to appreciate this title which ranked him among "the rich," "sti ricconi", whom he and his family had so often despised? Now, if he could disdain the titles of others, he had nothing against his own, to which he considered - with good reason, moreover - to have full rights. But if he recognized the merit of his own titles, could he not accept those of others? Gradually, however, he acquired a greater tolerance.

Chapter 2

Leysin, 1300 meters above sea level, is a beautiful resort in the Swiss Alps where, in winter, you ski on the slopes of the Berneuse, slide on the village ice rink, or indulge in bobsleigh, and where, in summer, the many trails on the mountainside allow hiking and picnicking. Leysin, with its exceptional sunshine and dry, healthy air, had long been a recommended place for people with respiratory illnesses, chest pain, and even tuberculosis. Penicillin, which allowed cures without resorting to long stays in the mountains, that in fact only the privileged could afford, had led to the resort's decline until a man, Mr. Frédéric Tissot, took over the facilities and converted them into hotels. It took courage. Leysin did not have a good reputation and at the beginning only people with modest incomes, attracted by very advantageous conditions and also by the beauty of the site, came to stay there. Gradually however, with time and the forgetting of its first vocation, Leysin acquired letters of nobility; prices had risen like the level of customers and Leysin was no longer automatically associated with tuberculosis. However, I still heard people talking about cure beds on the terraces, or worse, sick beds, terms that I didn't want to hear any longer. On one door, I had seen the sign 'X-ray' which I had removed. We weren't running a hospital or a sanatorium, but a hotel. And it was a very beautiful hotel, with its large entrance hall, its lounges and its spacious bedrooms. The restaurant, with carved woodwork, contained about forty tables where the brigade of sommeliers in white jackets was busy, under the orders of Giorgio, the Maître d'Hôtel. He and Dante had befriended each other, both young, tall, likable, and determined to steer the boat well; but I felt Dante's authority superior.

If only this authority only manifested itself in his work, but it applied to me too, and not always in a good way.

Madam! The great one! You think you know, but you don't know anything, my dear. I will teach you.

What did he want to teach me?

Dante, you see evil where there is none.

But if he decided to spend a day or two in Gressoney, in his village, I felt, shortly after his departure already, some floating in the whole hotel. As if everywhere, whether on the floors, in the laundry room, in the treasurer office, in the kitchens, in the carpentry, in the linen room or in the offices, one could feel the absence of a rudder and the ship was going adrift. Hopefully he would get back soon.

Once a week, I rose at six in the morning, replaced the housekeeper for whom this schedule was daily, and sought to calm an argument between two maids or to respond to the grievances of a third.

It's not possible, we've run out of sheets. What the hell are these laundry girls doing?

And I was off to the laundry room.

Hurry, we're running out of sheets.

But I only have two arms! And only two machines too. And the cooks want their aprons and tea towels. And the sommeliers, the napkins for the restaurant. What are they thinking?

I know, but hurry as much as possible.

But with such a young, smooth face - I was 23 - my authority was very relative. The authority came from Dante, although he, at 27, was not very old either.

Looking back on those years, I tell myself that in Leysin, I never really bonded with the customers, who were certainly very friendly. But taken by the work - a lively, varied job, which I loved - I never thought of sitting down in one of the armchairs in the living room, introducing myself and engaging in a conversation with our hosts. As the Director's wife, I could have had more contact with customers, exchanged a few words and asked a few questions about the quality of service, menus, whether there were any complaints perhaps, or some suggestions. But I knew that Dante, of modest origins, would not have liked to see me play this role of "great lady" and if I happened to have some inclinations, he was quick to interrupt me. I was not always highlighted by my husband, but often encouraged to have a modest, discreet attitude. And if I had wanted to impose myself, it would have had to be in a harsh, determined, intransigent way.

But those thoughts only crossed my mind. Dante was a good Director, much appreciated by the staff, knowing very well how to handle the stick and the carrot. We were young, healthy, Dante's career was well underway and promising. He was a good Director; the financial question, however, left me perplexed. He received a good salary, but always seemed to have nothing. Admittedly, he sent some of it to his parents, but it was only a small percentage. To me he gave nothing. In the village, he had acquired a camera, ordered developments, enlargements, copies, several films, and never paid anything, until the day when a policeman appeared and he took fright. I thus learned, terrified, that we owed a large sum to the photographer. Were there still other debts? But who had I married, my God?

He, so scrupulous about the finances of the hotel, he who still made rounds at night to turn off superfluous lights, and was so concerned about an unoccupied room for three days, seemed unable to manage his own finances!

Dante, please, when you order something, pay what you owe!

Don't worry about that!

How's that, "Don't worry about that!" But it involves me too, all the same.

So, he promised, vaguely, and I was satisfied with that.

I saw very little of the village, spending all my days in the hotel at the cafeteria, once a week on the floors where I replaced the governess who was taking her day off and where I could have gone more often. I sometimes thought back to the advice given to me by Madame de Mercurio shortly after our arrival: "Take your tea light everywhere". It was good advice that I did not follow enough, spending more time between my office, the cafeteria or the treasurer office than on the floors.

In the hotel lobby, I would see couples, families, or groups of four or five people who usually were given a "lunch supply" box; and in summer, studded shoes and backpack on, they would probably climb to the Berneuse, then, from the restaurant terrace, admire the cirque of the surrounding peaks. In winter, skis planted in the snow in front of the entrance, they would put an extra layer of cream on the face, the reverberation demanding it; and summer or winter, would order a thick vegetable soup, sausage and a large slice of brown bread, or appreciate the contents of the box provided by the hotel.

It was during the summer of 1962, our first season in Leysin, that we had a visit from Peter Costeloe, my cousin, also a hotelier, and like Dante, a graduate of the Ecole Hôtelière de Lausanne. He and his wife Frisca came to the Grand Hotel with my parents and we had tea in one of the hotel lounges where, exceptionally, I sat, which I never did. At some point Dante and Peter slipped away and I was dying to know what the two were saying to each other. So, in spite of my duties as a hostess, I joined them. There were interesting things happening. They were talking about overnight stays, occupancy rates, but also:

I'm in Europe, said Peter with a charming English accent, to look for staff.

In fact, he was looking for executives for a large luxury hotel, 600 rooms, which was to open shortly in Hong Kong, still a British colony, where Peter lived. Knowing my husband was a hotelier, he had contacted us.

But you have to think carefully, he said. You are fine here.

To think? About what? About Hong Kong? I went back to my parents feeling a bit guilty for having abandoned them. Frisca was shivering, not understanding how cold it was.

In June! she said.

What would she have said in January?

At the end of the afternoon, they left and the idea of Hong Kong was gone with them. I regretted them. Mami. Dad. But my life was here. July. It was high season and Zumofen, the Reception Manager, was struggling with over-bookings, a practice that consists of renting rooms twice for the same period, in anticipation of these customers who book and do not show up. In general, everything go well, except when all the customers do show up. Apparently that was the case and poor Zumofen didn't know how to get out of it. He called the other hotels in the station, found rooms for a clientele nonetheless dissatisfied. Obviously, when someone had booked at the Grand Hotel, they didn't really want to go to the Hotel de la Poste. I had thought of offering our room, and that we would temporarily settle in our small living room, but we would have had to free up our wardrobe, the chest of drawers, and share the bathroom with strangers. Dante had opposed it and I was not very enthusiastic either. We did it once, however, and the people who had occupied our room were very touched to know that we had released it for them. It was only for one or two nights.

For August 1st, the National Day, Dante, who could be more Swiss than native Helvetians, had planned a spectacular staging at La Berneuse. We had dressed our sommeliers in herdsmen and, under a wonderfully blue sky, in the beautiful setting of the surrounding snow-capped peaks, we saw José appear, a whole cheese on his shoulder, then after two or three other "Swiss", Gennaro blowing in an alphorn and Luis throwing a flag with a white cross which he miraculously managed to catch. The tourists on the terrace filmed non-stop. That was Switzerland. The real one! In the evening, there was a fireworks display, offered by the Town Hall of Leysin.

In August, the hotel being full, even overbooked, I resumed my activities in the cafeteria in the early morning. The 'coup de feu' was around nine and I checked the breakfast trays for room service.

The milk! The milk is missing!

Giorgio was already in the restaurant, controlling the brigade and the service. Dante also came there and wrote down in his little black notebook the defects he noticed, which he would later share with the heads of the parties concerned: unpolished shoes; a button missing from a jacket; a stain on a tablecloth or a dead leaf on a green plant. Nothing escaped him.

The manager of the Berneuse restaurant, a restaurant which also depended on the Grand Hotel, had paid me a compliment:

You know, Madame David, previously, there were always complaints. There was even once a strike of all the staff. Since your husband has been in management, never again.

One day, Dante decided to "descent" into the employees' rooms. He came back with a
impressive loot: leftover food, crockery, silverware, all things stolen from under my nose without my ever noticing!

Summer was drawing to a close. It was already cold this fall season and we were going to close the hotel for the off-season. Sometimes the idea of Hong Kong came back to me, but we hadn't heard anything from Peter for several months and that was fine. The last customers gone, the staff having also left the hotel, only one or two employees were staying, including Anna who prepared our meals. We took those in a small room adjoining the kitchens and I appreciated this quieter, but not idle, period. I answered mail, planned winter reservations, spoke with Ambroggio, a handyman who took care of maintenance, heating, replacing a light bulb or giving a brush stroke here or there. Dante also always found something to occupy himself. This profession of hotelier, more practical than intellectual, suited him so well.

I would have liked him to start painting again at such a time. I had seen a few paintings from his palette: landscapes, his favorite subject, fields or mountain scenes. He had talent and now that we had more free time he could have gotten back to it, but didn't seem tempted just yet. During this off-season, we made a trip to southern Italy. In the red Triumph, a car bought recently and that day with the top down, Dante at the wheel and me an unfolded road map on my knees, we set off towards the sun.

We pushed to Rome, then further south to Naples and, in the Gulf of Salerno, to Paestum and its incredible Greek remnants, its temples with partially collapsed colonnades and elaborate pediments which stand in a landscape of twisted olive trees. On the ground, there were old coins and I regret that we did not keep any. Today they are brought together in a museum which did not exist then.

We had lunch in a small inn, under the arbor, where the owner served us an "antipasto", with olive oil of course.

I really enjoyed this trip under the still warm autumn sun in southern Italy, but without the heat of July, I imagine. But we were going to go up towards the north, towards our mountain station where the first snow had already fallen. We were preparing for the long, harsh winter season which began immediately with the big bang of the end-of-year celebrations.

As much as I had been relieved, at the beginning of October, to see the last customers leave, I was now enthusiastic about this renewal of activity. If we no longer saw backpacks and studded shoes for mountain excursions, it was now big ski boots that appeared, anoraks and tapered pants. In the hours of freedom, Dante and I would also do some descents.

In the large living room, we had placed a Christmas tree all decorated with balls, candles and garlands. Mr. Suter, the Head Chef, planned special menus for the Holidays, while limiting expenses, in the light of the budget. Each week I calculated kitchen averages, adding up expenses and deducting prices from remaining stock. At the treasurer office with the young girl in charge, I checked the quantities of products.

What are we missing, Elisabeth?

We're almost out of condiments. We would also need tins, peas, peeled tomatoes. Ah, oil too.

I was taking notes and would place the orders.

In the restaurant, the tables that had been placed end to end to support the crockery, silverware, and glassware which were being inventoried, resumed their places and covered themselves with tablecloths.   But everywhere, always, I felt Dante's authority. He would arrive at a brisk pace, chat with Suter - I would see them smile - then go to the reception, talk to Zumofen, worry about the "January hole", this always slack period which follows the Holidays.

But don't worry, Mr. David. I have a quantity of reservations for the end of the month and for February.

I know; it is the beginning of the month that I would like to see fuller. We need to advertise more. In the universities perhaps; have groups of students. We can lower the prices. We sell time, Mr. Zumofen. An unrented room, you can't sell it.

Oh Dante, Boudy. Good hotelier, so caring for the staff, and often so hard on me. Why? "Dante, you see evil where there is none!"

I hosted guests.

Madam, Sir, I hope you had a good trip... Yes, your room is ready. 204. Your luggage? Leave it here. A porter will take care of it.

I am Madame David, the Director's wife.

They looked at me in astonishment. I was so young, 24 years old.

... Of course. We've had a crib put in your room.

Enjoy your stay... Yes, the 106. On the first floor.

...Certainly. If you want to eat something, the restaurant is still open.

Chapter 3

It was then that two events occurred, of unequal importance, but both of which would change our life and enrich it. First came, lined with exotic stamps, a large yellow envelope which aroused a somewhat anxious anticipation on my part. Peter was writing to us from the other side of the world, from Hong Kong, then a British colony, which I couldn't even locate exactly and believed to be in China. (The handover would not take place until decades later). He had enclosed a contract with his letter: Assistant Manager of this luxury hotel, with 600 rooms, not the Queens as it had been planned to name it at first. The name had been deemed too British, inadequate. It would be the Mandarin. And Dante, said Peter, was expected as soon as possible, things were in full swing, his presence needed as soon as possible.

And then, the doctor had confirmed it, I was expecting a child. A little David who, if Dante signed the contract - which, apparently would be the case - would be born in Chinese soil. I was hoping for a boy, but reasoned with myself. If it were to be a little girl, I would love her with all my heart, of course.

As for Hong Kong, nothing was decided. We were very comfortable at the Grand Hotel and therefore, having spent a year there, that is the two seasons, summer and winter, I had acquired this experience which made me more confident, I would know how to manage things better from now on. But of course, Hong Kong was interesting. So if Dante agreed... He agreed. But he didn't understand much. He saw Adventure, with a capital A, but I knew that there was a serious position at the end of the road and that he would finally sign a three-year contract after which we would return to Europe.

I don't really know what to think, Boudy. We are fine here.

As for me, I'm tired of all this mess.

He was burning what he had adored. I was saddened to hear him talk like that. But also, it is true, tempted by Adventure.

And Dante signed the contract and sent it back. So we would leave for this Far East, this Southeast Asia that I did not conceive very clearly, and this for several years.

We spent the last weeks with our respective families and I was happy not to witness the drama that Dante's departure must have caused, with the false starts and the crying mamma. Especially since this time it was not for an accessible mountain resort - Dante's parents, like mine, had come to Leysin for about ten days, had enjoyed it very much and had had confirmation that their son was in a beautiful place which required only a few hours' drive to visit. In addition, it was mountain areas as well, and they felt very comfortable there. But from then on, it was the other side of the world! Dante's mother told me, years later, laughing, that with her son she was learning geography. But for the time being, she certainly didn't feel like laughing. Her son was leaving for several years and too far to be accessible.

Dante joined me in Geneva and, at Cointrin airport, we shed some tears again. Mami. Dad. I was sad to leave them, but also excited about the trip.

My mother, who had lived in China for a while after the Russian Revolution, told me:

In Hong Kong, you will have an ahma.

An ahma?

Yes, a nanny. They are wonderful with toddlers.

It was Ahoï, who would take such good care of Frédéric as a child, but I didn't know it yet. For now, it was departing time.

I kissed my parents, promised a thousand letters, and Dante and I headed for the plane. On the tarmac, one more time, I turned around and waved goodbye. Then we got into the plane, and from the porthole I tried to see them.

I love takeoffs. The plane rolls on the runway, accelerates, rushes, the landscape spins, scrolls and in the roar of the engines, we feel its tremendous power, and then suddenly, there is nothing, we are flying. Clouds sweep over the porthole, we pass through them and emerge into a blue sky with a sea of mist below.

It was 1963 and travel was not as easy or frequent as it is today. But if agencies did not yet plan flights - and especially long-haul flights - for groups, organized trips or charters – they were on the other hand very happy to book for customers such as us who traveled individually.

The trip was paid for by the Hong Kong company, but obviously a direct line trip. But we would do it in stages and with a few detours. We would stop first in Cairo, then New Delhi, then descend to Colombo, in the island of Ceylon, before going up somewhat north and through Malaysia, to reach Hong Kong.

The flight from Geneva to Cairo took a few hours, I don't know how long, but it was certainly slower than it is today. Also, there were fewer people in the airports and for the flights, especially the long haul, we dressed well, elegantly. The luggage also looked better, as if the flights were reserved for an elite - which in fact they were.

On the plane we were served a meal that in my condition - I was in my fifth month and my waistline had already thickened a lot - I appreciated very much; a state that otherwise, despite the changes in climate, food and schedules, did not bother me.

As soon as I got off the plane, I felt the hot, burning breath of an air to which, from the coolness of our mountains, we were not accustomed. I have always loved, arriving in a new place, the journey which, from an airport, leads to some center. There is the pleasure of the arrival and above all that of discovery, of exoticism if any, and of novelty.

Cairo. Barges flowed slowly down the Nile, their square sails standing out against a blue background. And I remember the little flowered hotel where we stayed, which had been recommended to us by a client of the Grand Hotel. "Go there, she told us. You'll be fine." We were very happy there, indeed. From our balcony, I could hear the roar of the city where, as in all the big cities of the world, life never stops; and I saw, barely standing out against a background of twilight, a palm tree, its serrated leaves, its branches fanning out, but I have only a blurred vision of it. On the other hand, I can clearly see the pyramids of Giza again, those huge triangles of stone that the city did not reach and which then sat enthroned, alone, in the middle of the desert. "Dragomans" on their camel, offered, for a few piasters, to stand next to you for a photo.

Stand there, near him, said Dante.

And he took the camera out of the big black bag he was carrying over his shoulder and which also contained the money and our passports. He lost it one day, and it was a moment of anguish. A brief moment, by chance. When one day an officer introduced a new recruit to Napoleon, extolling his merits, the Emperor asked "Is he lucky?" Dante was lucky. And how much! This man was born under a lucky star. But finally, this good fortune that made us experience so many events, share so many impressions, visions, and know so many places and mentalities, I also experienced it, shared it.

The turbaned "dragoman" took the few coins that Dante gave him.

"Arrbah," he said with contempt.

Four. It was too little, but our means were not expandable at will. They could have been if we had better managed our funds, put some money aside, for example. As so often I chased these negative ideas from my mind, but could not help thinking that if I had been able to take this trip with a more educated man, better prepared for life, I could have appreciated so much more what we were living through. But what had I to complain about? It was thanks to him that we made these captivating stopovers that would leave an imprint in my memory. Another man might have suggested a direct flight, and I would not have seen the pyramids, the turbaned "dragomans" on their camels, or the kids, black with dirt and sunshine, holding out a dirty hand for a few piasters. Nor would I have seen the bougainvillea that adorned the balcony of our room in this small hotel in Cairo we were staying in.

If all day I had suffered from the heat, in the evening on the other hand, I had been pleasantly surprised by the delicious coolness which, coming from the desert, brought us a light air mingled with the scent of exotic plants. From the balcony of our room, I could see, standing out in the shadow of the twilight, a broad-leaved palm tree.

Dante, how cool it is now. It is delicious. I did not expect that.

Ah, it makes a difference after the heat of the day.

From a distance, I was hearing the rumor of a traffic which, like in all the big cities of the world, never stopped.

We tasted the dishes of Egyptian cuisine, sometimes so strong that they put my mouth on fire. Dante liked them better than I did, and even ordered them willingly.

We saw the great mosque of Al Qahira and visited the museum, its mummies and sarcophagi, and it was already time to leave for India.

Hurry up. We have to go.

But I'm ready, Dante.

What was he always bugging me about?

Mumbai. Therefore, indeed, Europe was far away.

An ox cart loaded with logs was going its way, mingling with the cars on a beaten dirt road. At the top, perched on his pile of wood, a piece of cloth twisted around his hips, sat a young Hindu. A group of women were passing, a pitcher on their head. I admired the saris, these long silk yardages with which the Hindus surround themselves at the waist and which fall to the feet in shimmering reflections. Above, a very short bolero leaves a bare space between the two. It's a flattering, slimming outfit.

These saris are very beautiful, Dante. I would love to have one.

He bought me one that concealed the fact that for five months now I had been expecting a child. Although my condition generally did not bother me, I had nevertheless been affected by the heat, the smells, and very happy at the hotel to find a little more freshness.

I'm going to take a shower, Boudy, and then put myself under the fan.

And still wet, I laughed, my face raised towards the pale.

In Bombay, we visited a mosque, very beautiful, with its blue and gold mosaics, and a temple, dedicated to Çakkyamuni, or Buddha, and Dante took a photo of me at the foot of a gigantic statue of Gautama, the founder of Buddhism, enthroned on a stone base with spirals of finely chiseled serpents.

Dante, what were those people sitting on the ground, hands and feet wrapped in clothes?

They were lepers. I didn't want to tell you.

I was shocked. It is true that at a bus stop I had seen a sign in English and in one of the many dialects of India: "Have you been vaccinated against leprosy, against the plague?" Diseases which in Europe had disappeared for decades and which today have surely been eradicated there too. But then, shortly after the middle of the 20th century, in Mumbai as in other parts of India, I imagine, they were still rampant.

At the hotel, I packed our suitcases and Dante settled the bill at the reception.

Have you forgotten anything?

No, Dante. I checked.

We were leaving for Colombo, in the island of Ceylon. A flight of a few hours.

There we stayed at the G.O.H., the colonial-style Grand Oriental Hotel, which no longer exists. The bedroom is the size of a ballroom, or close to it, and the bathroom is to match. I don't know how, with the limited means at our disposal, we managed to do all these stopovers. It is true that the price of the trip was covered by the Hong Kong company, that the detours we made added little to the price of a direct flight over such a long distance and that we did not buy anything. It is also true that we took our meals in small restaurants with iron seats and cement floors, dogs and cats sometimes prowling around the tables, and finally that the duration of the trip was counted in days and not in weeks or in months.

Millionaires, hey? had asked an employee on one of our departure days. I had been amused, liking the fact that we were considered very privileged and richer than we were. I had reported the word to Dante. Oh, he hadn't liked it.

Just lucky, he said, as if we had won the lottery. He would have liked to go back, rectify the thing with the employee. As for me, I was very happy that it was not possible. We were young, healthy and beautiful, and if we were considered rich on top of that, it didn't hurt anything. He didn't like the idea. Always these proletarian judgments. I had seen him one day carrying our suitcases himself, his body bent over, his arm outstretched. A true carrier of profession.

When would he agree to belong to a wealthy class, that of "sti ricconi" - those rich people - whom he had always despised? I tried to bring him to a broader vision of things, in small, careful touches and without hurting his ego.

In the bedroom of the G.O.H. the shutters had been lowered, sifting out too bright a light.
Come on, let's go.
Go alone, Boudy. I am very tired.
Are you sure you don't want to come?
Sure, Dante. You will tell me about it.
I had been tempted though. There was so much to see, interesting things; fun, for some. For example, the way the Sinhalese nod their heads to say "yes", in a movement that looked more like a "no".
We had a meal at the hotel where we were offered papayas, pineapples, mangoes or kiwis, all exotic fruits that we did not know in Europe at the time. Later, in Thailand, Dante tried to convert me to douriane, which I did not like and which he found delicious.
In the street, I saw samlors, barely covered carts where the air rushes in and dishevels deliciously. I would see more of them in Bangkok, of these two-seater vehicles that backfire and insinuate themselves into traffic. In Colombo, the samlors were pulled by Sinhalese who, often barefoot, pedaled with effort on their old bikes.
This vision mingled with that of young women in saris of all colors, with that of overcrowded buses roaring past, exhaling great billows of smoke. There was also the vision of rickshaw pullers who, with their hands resting on the two branches of their vehicle, were pulling for a few piasters natives and visitors installed under the canopy.
We left Colombo for the last leg of the trip, for Hong Kong, our destination. Once more we packed up, and in a somewhat rickety taxi, on a bumpy road in places, we went to Colombo airport, which was then only a very small structure.
The flight was long from Ceylon to Hong Kong. We flew over the Bay of Bengal, Burma, Thailand, Laos, and there were certainly several stops. Between one and the other, on the plane, we were served a meal: different dishes, with new tastes, like the flavor of kiwis or slices of papaya, to which I easily got used.

Chapter 4

And there we were in Hong Kong, where we would spend four years before returning to Europe, then a new departure for Asia, this continent which marks you and always attracts like a magnet. At the airport, Peter was waiting for us - Hello, hello - and poor Dante didn't understand a word of English. I was surprised, however, at how quickly he learned.

Frisca apologizes for not coming, said Peter. She is very tired; she is expecting a child.

Me too.

You too, Marianne? (He pronounced 'Mèrièn').

I knew right away that this changed it all. It had been planned that I would be in charge of Public Relations at Mandarin. But obviously, you couldn't have a pregnant woman welcoming guests to a luxury hotel. A slender, elegant, attractive young woman was needed. Never mind; I would find something else.

I looked with all my eyes at this city so new to us, where the old mingled with the modern. Set in motion by the green light, a wave of cars surged, lengthened, made more fluid by the distance, and in the constant flow of cars, a rag picker's cart, dragged slowly by pedal strokes, a tricycle, a disturbing assemblage on the back, made their way laboriously.

Peter led us to the Gloucester Building, a relatively old building that no longer exists. He had flowers put up for our arrival and Frisca told me later that he had been worried about whether we would be comfortable there. I could have thanked him for these attentions and assured him of our well-being.

It was a large bedroom, and a living room, also quite spacious, where we would take our meals prepared in the vast kitchen upstairs and served by a Chinese in black cloth slippers. The table was set in the center of the room and after the meal, the legs folded up until the next use.

Very early on, Dante and I met Rudi and Erni Koeppen. They were about the same age as Dante and I, and Rudi would hold, alternately, the same functions as Dante at the Mandarin: Assistant Manager, a title that was soon to be "Executive Assistant Manager", thanks to Rudi's initiative. I did not understand the difference then, but in fact, being an "Executive" places you among the decision-makers, members of the Management. This title, we owed it to Rudi. It helped to be able to write the word on a resume.

Every Monday morning, a meeting of the "Executives" took place at the Mandarin, including Mr. Ross, General Manager, Peter, Resident Manager, Rudi and Dante.

They all speak like teachers, Dante tells me, whose English was then only very approximate.

And I imagined the impatience he must have aroused in searching for his words and expressing himself in a muddled way. So from then on he brought me sheets in which he threw his ideas haphazardly, in a mixture of French and Italian, peppered with a few words of English. But as in Spain previously, then as in Leysin, I realized how numerous and correct his ideas were.

I made it into a flowing text, starting with generalities and gradually accessing the details, all in an English certainly not very idiomatic, academic, but grammatically correct. And my husband's rating went up. No, Mr. David was not this man, presenting well, but of very average abilities, such as it had been considered until then. Mr. David was someone you would have to reckon with. If only, I thought, he could show me a little more regard. Never a kind word; never a sign of affection.

Dante, tell me something nice.

But what do you want me to tell you?

And he was fixing his tie knot in front of the mirror. He was about to leave for the hotel and I wondered how I was going to spend my days.

Give French lessons, he told me.

Teach? But I have no training for teaching. I won't know how to.

You? Of course you will know how to.

I was touched by this vote of confidence, but nevertheless thought that it was based on nothing. Finally, I went to the offices of the Alliance Française, about a twenty minutes' walk from the Gloucester Building where we lived. There I met Madame Houel, the director.

Do you have French classes? I asked him.

Yes. Have you already done some French?

But I would like to teach.

Ah, then we can speak French!

Of course. French is my mother tongue.

Well, I have a class for you. Monday and Thursday, 11 am to noon. It's a group of ladies for conversation. You can make them talk on this text. (She handed me a stereotyped sheet). I'll give you one every week.

No diploma or certificate, no proof of competence had been required. The following Monday I would start teaching and I was scared to death. Especially since my pregnancy was already well advanced. It was September and I was in my seventh month, the birth being scheduled for mid-November.

One day when Dante and I were sitting at the table, Erni and Rudi who, like us, occupied a suite, and on the same floor, came into our house.

Are you eating this? Erni said. But it's disgusting. It's inedible!

I don't know, I say. I find it very good.

It was decided, however, that from then on we would take our meals at the Mandarin. Erni dreamed of living there, of having a suite there, like Peter and Frisca. It was only a five-minute walk from Gloucester to the hotel. Every day, Erni would pick me up and we would go together to the Mandarin; she was delighted with the contrast we offered. Her heels clicked on the asphalt and I was advancing like a ship. She and Rudi were a beautiful couple, as Dante and I would be, and our ages were similar: Dante was 28, Rudi 27, me 24 and Erni 21.

Erni was Austrian and together we spoke German. If with me, she was cheerful - we gladly leafed through fashion magazines - as soon as Rudi entered, she was in a swoon.

Was hast Du denn? (What's the matter?) he would ask her.

Bauchweh, Muschi. (Stomach ache).

Take something, he would say, which I would also have answered. She was upset that he didn't show more compassion. Dante, I thought, would have liked me to be more sorrowful, for him to feel like the male; protective. But I was not going to put on an act.

Erni was happy to complain: about the heat, about these stupid Chinese people, about her clothes which didn't fit her, and especially about the food: "Schmeckt nach gar nichts" she said (No taste). "Go over there," I thought; "on these sampans, these covered boats, which we see from our windows, where whole families live. I wonder if these people receive the kind of food that is served to us." But I didn't say it. Or: "Go to the edge of the city, where the "New Territories" begin, in these huts where many Chinese live!"

Then came that Monday when I was going to start teaching. In front of a class, petrified, I spoke in such a thin voice that a lady in the front row asked me if I could speak a little louder. Later, walking confidently into a class, joking with a student, I thought back to those early days when I had been so scared and heard with immense relief the bell announcing the end of class. These had improved too, but I was never a successful teacher. A good average, but no more.

Besides teaching, I could have learned Cantonese, but it's hard to learn a language that you can't read. Chinese ideograms meant nothing to me. And then, everyone spoke English, even if it was only "Pidgeon English", as Ahoi spoke it, our Ahma who was going to take care of the baby so well.

The birth was approaching. But that fall, Dante discovered Cat Street. It was, far from the center, a flea market street where you could find marvels, carved wood, chiseled ivories, bronze, copper, tin objects, some very beautiful things, often placed right on the street, and where we haggled, of course. We acquired four lacquered panels, black, with ivory and jade applications, representing scenes of daily life.

Schoen! said Erni when she saw them. And she wanted to know where we got them. I was a little frustrated to give her and Rudi the benefit of Dante's finds, but finally I told her where Cat Street was and shortly after, I saw the same panels as ours at her house.

Then I met the Marquerts. He was a cook at the Mandarin and she, a little ordinary, was not particularly friendly to me, but we lived on the same floor and the contacts were natural. She was very interested in my condition, wanted to know how I felt, if the delivery was coming soon, and I was annoyed by these lascivious questions.

On the other hand, I enjoyed Mrs. Dillon's company much more. She also lived at Gloucester Bldg., was significantly older than me, had lived with her husband for years in Shanghai, and while I disagreed with some of her ideas, I nevertheless listened to her with interest.

We met in the Grand Hotel in Shanghai, she said, on the Bund (this quay that runs along the Yang-tse Kiang - the Yang-tse river). We had our clubs there where the Chinese were not admitted.

Chinese not allowed! I was thinking of the various Western concessions French, British, in particular - then of Mao-tse Tung's Long March which made China a communist state, proclaiming the People's Republic of China in Beijing. If I do not approve of communism, I can still understand the frustration of the Chinese, an intelligent, hard-working people with such a long history, then living under Western colonization. In Hong Kong however, I never felt that the Chinese felt oppressed. But of course I didn't know what was going through their minds. Mrs. Dillon seemed to find it only natural that the Chinese should have lived in Shanghai - as indeed in Hong Kong - under a British government. It is true that many Chinese ran their own businesses, and some were much richer than Westerners. I appreciated a democratic regime as we lived it in Hong Kong - without really knowing all the advantages of it - as opposed to the communist ideology of which I was soon to have a better idea, but which, as I already understood, did not represent any of this ideal of justice, egalitarianism and happiness that my husband imagined

We were in autumn, but we still didn't really feel the coolness of the end of summer. We would feel the coolness later, in December and January.

But at the beginning of November, as Dante and I were returning from Cat Street, I walked very slowly, heavily, and the next day Dante took me to Canossa Hospital. I have a hard time remembering the time I spent just before the birth, but remember very well the doctor announcing loud and clear: "A big boy!"

The happiness of this birth! And a boy as I had hoped! Dante, proud as a peacock, immediately telegraphed our families and informed everyone we knew - or did not know. Frédéric, a few days already, was a beautiful child, in fact, the most beautiful in the world, of course. A week later, I left the hospital. Dante had brought me more flattering clothes, and I was in seventh heaven.

I did not understand that after a birth you can feel a "baby blues", which apparently some young mothers feel. Having a child, feeling thinner and lighter again, often even being beautified by motherhood, could only make me happy.

Erni had often come to see me at the hospital and each time she brought something: a child's garment, a book, flowers. I was touched. I also received many flowers from the hotel: Mr. Ross, General Manager of the Mandarin, had sent me some; staff members as well. Dante presented me with a pretty gold bracelet.

As soon as I got back to Gloucester, I met Ahoi, our Ahma, who was going to take care of the baby when I was away, which happened quite often. I quickly resumed classes at the Alliance Française and from then on, thinner, more beautiful, proud of my child, of my husband, I was very happy. We always took our meals at the Mandarin, but from then on, Erni no longer came to pick me up!

I really liked Ahoi. She was capable, quick, careful. She wore black, flowing trousers and a strikingly white tunic. She spoke a "Pidgeon English" to which I had become accustomed.

Chapter 5

Dante pointed out to me that if streets, buses, apartments are often dirty, on the other hand the Chinese are always remarkably clean on themselves. Ahoi was an example. She was perfectly indifferent to the disorder, even the negligence of the apartment, but her tunic was always immaculate.

At the Alliance Française, Mr. Hudelot, who ran the institution with his wife, had introduced the audio-visual system which I did not like. It was necessary to switch on the device which, in a somewhat darkened room, projected images on a screen, and another where the soundtrack unfolded. Thus we learned that Madame Thibaud had gone to the market to buy fruits and vegetables. But with me, the picture and sound did not match.

She was seen at home, unpacking her groceries as according to the sound, she thanked the merchant and paid her. If this system was certainly very effective for those who used it wisely, for me it seemed to deprive me of my freedom of movement and expression. I got used to it though.

What I didn't get used to however was the fact that Dante was always coming home a little later. He was expecting, I believe, virulent reproaches such as an Italian mamma would have had. But I didn't say anything, thinking that a hotel had no opening hours unlike an office which closes its doors at six o'clock.

Dante, why so late?

Go to sleep!

Then, he would tell me he had had a whiskey at the bar with some customers and I was satisfied with those answers. Later, of course, when he came home at three or four in the morning, the whiskeys would be easy to blame. But I wasn't there yet.

Dante was entitled to a few weeks off, which as an Executive he could actually take whenever he wanted. My work also allowed a certain flexibility and in the event that I had to be absent, I knew I could be replaced. So it was with pleasure and interest that I heard him suggest a trip. Where would we go?

In China, he said.

In China?

I was obviously excited, and very happily surprised. In fact, what I hadn't understood was that Dante wanted to convert me to communism, to show me the benefits of it. But it was the opposite that happened and he realized that this regime is neither as egalitarian nor as happy as he had supposed. He came back disenchanted.

I packed our suitcases and little Frédéric clung to us, crying, refusing to see us leave.

But honey, Mami and Daddy will be back soon. I kissed him. I knew he would be fine with Ahoi, backed up by Ayeng, who had also made a good impression on me. Dante embraced his son and also consoled him.

Don't cry, big boy. Daddy loves you. He'll be back soon.

And we left, from the colony of Her Gracious Majesty Queen Elizabeth towards the China of Mao-tse Tung. I wore a pleated dress with green and brown designs and brown high-heeled shoes and Dante wore a light suit, shirt and tie. If it weren't for the suitcase, it might have looked like we were going to have tea at the Mandarin.

In fact, we would get on the "ferry-boat", which from the island leads to the coast, then we would go to Kowloon station for the train which, crossing the "New Territories", would take us to Lo Wu, the border post where you leave the colony of Hong Kong to enter proper China.

Already in the train I had the feeling to discover an aspect of Hong Kong that I did not know. Peasant women sat down on a bench with their chicken cage or their cabbage basket. We were looked at with astonishment and I imagine that very few Europeans had to take this train.

You have the passports, Dante, don't you?

Of course I have the passports!

That woman with her stupid questions!

At Lo Wu, we left the train and walked the short journey that took us to another small station and the border post. Right from the start we felt a different breath. A huge portrait showed, in profile, a young Chinese with a determined gaze, and a young woman slightly below, both eyes raised towards a red banner with small stars and we knew that we were entering the China of Mao-tse Toung, a country from where all frivolity was excluded.

Our luggage was carefully inspected, even the four very small diamonds of the engagement ring I was wearing were scrupulously annotated.

He didn't find my bomb, I said to Dante, laughing. But this was not the land of smiles. A customs officer, whose cap was adorned with a red star, checked our passports, visas, and satisfied, affixed a solid stamp.

There was a crowd on the quay; we were lucky enough to find a compartment that was still empty and we took a seat near the window, the crocheted doily shelf between us. The compartment was gradually filling up with Chinese of all ages, and the luggage net above our heads was filled, next to our suitcase, with leather bags, backpacks, tied boxes. We exchanged smiles, unable to express ourselves, but before departure, a controller passed and spoke a few words of Cantonese; the travelers got up, took their things and left the compartment. Contacts were avoided. No closeness with these foreigners with a corrosive ideology.

We had the compartment to ourselves, which was not to displease us.

How long will it take to Canton, Dante?

I changed the HK dollars into Yuans, he said.

As so often, he didn't answer my question. I wondered if the banknotes would bear the effigy of Mao-tse tung or that of Tchang-kai Tchek. The ones I saw were that of Confucius, which I found more sensible.

We drove in a somewhat hilly countryside which, similar to that of the "New Territories" of Hong Kong, did not yet offer a real change of scenery. In the hallway passed a young Chinese woman with her trolley and offered black or jasmine tea as we will be offered everywhere, in stores, museums, "foreigners commissaries", these cooperatives where we could acquire unobtainable imported products, reserved for foreigners and where we paid in dollars. Wherever we stopped for more than five minutes, we were offered - in small cups or in tall cups with lids - tea, the traditional drink, black or in various flavors.

In the train, the journey was embellished with music, Chinese melodies with sounds that were a little discordant for our Westerners ears, the melody of Arirang that we would hear many times, or military marches exalting the power of the country.

This music, said Dante, is breaking our ears.

Dante had an excellent ear and if I happened to hum any tune, he could easily accompany me immediately with a second voice, a third below.

If you compare that with our music...

It's true that I prefer Chopin or Beethoven.

But we were in China and the train was already slowing down; we were arriving at Kwang-tcheou, or Canton, from where we would take the plane to Beijing.

Canton was an industrial city: textiles, chemical products, and we could see factory chimneys. From afar, I heard the long siren of one of these merchant boats which skirted the Si Kiang and supplied trade. It was hot and humid and, going from this heavy air to the too cold air conditioning of train stations or airports, I caught a cold and could barely breathe.

We took a small aircraft from the interior lines. China is big and going from Guangzhou to Beijing is a lot like from Rome to Stockholm. But we were still in the same country, in this oppressive communist China, where we had no right to think. Everything was standardized: clothing, way of life, thought, and I felt the pressure of the regime, where any hint of individualism was stifled, weighing like a lid. But even in a hotel room, in the evening, I dared not say anything against the regime. "You were afraid of the microphones" I would be told later. Not once did the idea of microphones occur to me. Simply the constant pressure of the day penetrated you, impregnated you and remained in the evening too.

In Beijing, the air was dry and pure. There was very little traffic, so little or no pollution, and in the center of an empty crossroads, a policeman regulated non-existent traffic.

We got off at the Hsin Chao hotel, not far from Chang An, the main avenue that crossed the city from side to side. This hotel offered just adequate comfort, but nothing more. A recommendation letter had been given to us in Hong Kong for the Hotel Manager.

I will not deliver this letter, said Dante.

You're right. It would rather harm us.

Besides, there was no director, only a manager who, like all employees of factories or hotels, worked half a day in an office and half a day in the fields. The desk consisted, on a cement floor, of a wooden table and a chair, but had no decoration except on the wall for the portrait of Mao-tse Tung, the Beloved Leader, the Great Helmsman, the Little Father of the People. Years later, finding myself in the Chinese capital, I inquired:

The Hsin Chao? Oh, but that's old, I'm told. It is true that the hotel was already not new at all when we were there, and that years had passed since then. I saw the hotel again, but I did not recognize it, different from the memories I had.

In Beijing, in the street, the employees, the workers did not go to their working place freely, as at home, but in line and in rhythm, red flag in front. To liven up the march, loudspeakers blasted out a stream of words - propaganda, I imagined - and music, the same music we heard on the train. It was haunting.

Beijing. From the moment of our arrival, we were welcomed - or picked up - by a guide who wouldn't let us go. And we would be shown what they wanted to show us.

Of course, the Great Wall that separates China from Mongolia. Built in the 3rd century BC, and as lethal as it is protective - thousands of Chinese perished during its construction - its three thousand kilometers embrace all the folds of the terrain. Partially crumbling in places, it disappears behind the slope of a hill to reappear further on, constant, and ending only with the horizon. We marched on this wall, about ten meters wide, a road traveled by the imperial emissaries.

I wonder how long it took them to build this wall, said Dante.

I don't know. It was built - in part, I imagine - by Emperor Shi-huan Di.

It will have taken more than one life to build it.

Certainly. But he was the initiator.

And we admired the Temple of Heaven with its superimposed roofs, at raised angles, this round, graceful construction, of an elegant architecture, in which some Oriental thought is reflected.

And then the Forbidden City, which today is forbidden only in name. It is accessed by a large door pierced in the surrounding wall and furnished on its panels with chiseled fittings. In the courtyards, between the various palaces, came in a row - Yi ah! - one two - children in school uniforms, weeding between cobblestones. And we passed from the Palace of Celestial Peace to that of Supreme Harmony. The roofs, with green and gold tiles, are supported by huge columns made from a single trunk.

They must have been huge trees, said Dante. Can you imagine! And that's only part of the trunk.

Yes; in China everything is great. The trees, the palaces, the spaces between them, and the country itself. Boy, I'm hungry. Can we go eat something?

We went to a small restaurant where you were served a bowl of rice, a bowl of soup and a bowl of vegetables. We had become very good at wielding chopsticks.

Later, we saw the Summer Palace where Tsö Hi, the last empress, and briefly Pu Yin, her nephew, had resided; the marble boat, built, it is said, with the money earmarked for charity, and, at the bend of an alley, the water lily ponds, those shimmering surfaces, a reminder of nature that neither stone nor marble can make you forget. We climbed Coal Hill from where one dominates the city, the Forbidden City and the parks of Beijing, Pehai Park in particular, its alleys and its small tea houses, closed for the most part, symbols of privilege and idleness; the great Chang An avenue and its bicycles, the innumerable bicycles of Peking, more numerous than the cars. It seemed like every Pekingese had one. But bicycles do not pollute. The air was warm, but dry, and therefore lighter. The cold that had bothered me in Canton had completely disappeared.

The young female guide in blue overalls and a plain blouse who accompanied us everywhere and who, better dressed and with better hair, could have been pretty, was very proud of her country.

We are poor; our country is still poor, but we are working, we are making progress.

Certainly, but in order to make progress, do we really need this ideology which weighs like a lid, heavy, which stifles individualism and prevents free expression? But I'm not going to tell her. Besides, for her, ideology does not weigh. Mao's Thought is there to guide you, to show you the way. How would she live in our democracies? In "The Unbearable Lightness of Being?" Without a guide, without a procedure to follow, without these rails whose spacing, more or less wide, allow you to navigate between these limits with an illusion of freedom? The next day, we visited a model farm. A guide, a young man this time, but just as convinced, lead us outside the city, into the countryside of course, where we marveled at a dozen cows from a very clean stable, geese and ducks and hens pecking freely, and especially in front of a beautiful red tractor, the only one we saw. (But it is true that, except for the trip from Hong Kong to Canton from where we flew to Beijing, we did not see much of the Chinese countryside). The guide was ecstatic in front of this symbol of Progress.

How beautiful, isn't it?

Of course, we admired as intended. He was so enthusiastic, this young guide and I wondered how he saw us. We were young, able to afford a trip to a country obviously very far from ours, and therefore weren't we of this opulent class which oppressed the people? I never felt any animosity; only an immense pride, even superiority, and an iron faith in the ideology of the country. Obviously we were not going to be provided with a guide with wavering convictions.

From Beijing, we took the train to Nanjing, the ancient capital. I lost my scarf; a pretty Christian Dior scarf. I was sure I had left it on the table in our room. As we were ready to leave, it was no longer there. I regretted it, but made up my mind; the vagaries of travel.

The train was about to leave when I saw our guide arriving at top speed on the platform, holding my scarf at arm's length. He passed it to me through the lowered window.

Where was it? I said, delighted.

On the table, in your room.

I would never know what happened, but in China, nothing was lost.

Beijing - Nanjing: about a thousand kilometers. The train was traveling at an average speed. From time-to-time billows of smoke passed in front of the window. The line was not electrified and the train was running on coal, which China had in abundance with the deposits of Ho-pei and Chan-si in particular, and which had greatly contributed to the development of the country's economy and industry.

We could get a meal on this train. An employee gave us a menu, all in Chinese ideograms. So, Dante drew some vegetables and we imitated the cackling of a hen, the mooing of a cow, which made the employee laugh to tears. He was soon joined by another. Could it be a translator? No, he was just here to have fun, too. Later we were shown on a tray some raw vegetables, two chicken thighs, a few eggs. "Is that right?" "Yes, yes, it's perfect." I felt like we were extremely privileged.

We spent the night in the wagon and there, too, we had the compartment to ourselves. We slept as well as we could and in the morning, after a brief toilet in the train's small washbasins, we saw a brand-new sun lighting up a slightly hilly countryside. We passed villages with thatched roofs. Kids, cheeks red as apples, were playing like all kids in the world were. A peasant was plowing his field: two oxen pulled his plow, and he walked beside it, a straw cape over his shoulders. On a dirt road passed two women, a bundle on the head, the long woolen skirt kicking up a little dust with each step. Poplars lined the path. Further on, a willow with drooping branches wept over a stretch of river. In Tianjin, the train stopped. One hour. It was a large open-air station, and from the platform we were offered those sweet and sour delicacies that Dante liked very much and that I enjoyed less. There, as elsewhere, loudspeakers broadcasted propaganda and I found it difficult to free myself from this feeling of constraint which weighed down, which invaded and impregnated us. Everywhere you were sung about the beauty of the regime, of the system, you were showered with statistics - which we figured if we did not understand them - production figures, certainly, compared percentages, in favor of the "new China." Of course, the internments, the arbitrary arrests, the re-education camps were denied. I suffocated in this country where one had the impression that everything that was not forbidden was compulsory. And always under the benevolent gaze of Mao-tse Toung whose portrait adorned all the walls.

Dante also didn't seem so convinced anymore. Everything was standardized, the thought as well as the clothing: blue overalls and plain white shirts. I was arousing curiosity with my colored skirts and my heels. They were looking at me with astonishment, nudging each other to show me to others, but without bothering me in the least.

Chapter 6

Nanjing, capital of Kiang-seou is, in 1966, with a little more than a million inhabitants, an average city for the dimensions of China. Here are the tombs of the Ming emperors. As conscientious visitors we decided to go see them, and without a guide for once. A pedicab took us there and waited for us to return.

It was at the end of an avenue paved with large flat stones a kind of Mausoleum where lay those who, for three centuries, from the 14th to the 17th century, reigned over China. We admired the Mausoleum, the tombs, then got back to our pedicab which brought us back. In places, the road was uphill and we were tall, heavy, so we got out of the vehicle.

He was grateful to us, but as soon as possible we got back in place and he pedaled with effort. The road was long. We finally arrived. There was not a living soul in front of the hotel, the avenue was empty. Dante payed for the fare and for the effort gave a tip. A few yuan. The other hesitated, then pocketed them. It was good. He deserved it.

In the evening, we took our meal - rice, always, vegetables not overcooked so that they kept their vitamins, and tea. Little or no meat. We were in a sort of refectory where the employees also ate: the manager, the chambermaids, porters and a few workers.

Our room did not offer great comfort. There was a sink and running water, but no hot water. We washed in cold water. And the toilet upstairs. And none of those attentions that we generally saw in the bathrooms of our hotels: scented soap, small bottles of shampoo, body milk or toothpaste. But we slept very well nonetheless.

The next day, our guide was there, delighted. He had found a plantation of mulberry trees and therefore the silkworms. (Dante indeed had expressed the desire to see the origin of silks and brocades). He would lead us there, but first:

You gave too much money yesterday to the pedicab.

And he gave us the amount we left as a tip. Had we caused harm? But how did the thing come about?

The eye was everywhere, observing, always. It was heavy. Then he, too, had some praise to express about the new China:

Before, he said, the workers earned so little that they had nothing to live on. Many had no work. Children had to beg in the streets. We listened to his well-learned little speech.

In the farm, the mulberry trees formed large spaces of shrubs and on their leaves glided caterpillars, the bombyxes, leaving a luminous trail which would become the silk thread.

How many workers are there? I asked.

He didn't know exactly, or maybe he didn't want to answer us. Too much could suggest insufficient wages; too little that labor was exploited. On the other hand, he insisted on the smile of the workers. People were working joyfully for the triumph of the new China.

If in Nanjing we saw the origin of silk, in Wusi, some hundred kilometers further east, we saw the spinning mills. On the looms, the shuttle was coming and going, and I wondered who these silks and brocades that no one wears were for. For export, probably, for these capitalists we were part of. Further on, female embroiderers drew landscapes or portraits with little needle strokes. One of them, pulling a thin thread like a hair, drew the portrait of Lenin on the fabric.

Before, the guide told us, they worked in workshops so dark that many became blind.

Yes, certainly, there was terrible poverty and glaring inequalities, which generated revolutions like the one my parents experienced in Russia in 1917. However, if for many the new conditions meant progress, were they not, in return, a heavy and hardly bearable weight? Did material progress have to stifle thought? Couldn't the regime put up with a more tolerant, more open ideology? Were they afraid, by slowing down the pace of this forced march towards happiness, of hindering access to it, or did they think, thanks to the little red book of Mao-tse Toung, that they had reached this nirvana, this seventh heaven of which only a few subversive spirits, to be rooted out, prevented full realization? They had standardized the way of life, clothing, social conditions. It wasn't enough. It was still necessary, even above all, to standardize thought.

I was suffocating in this country, and even Dante, so convinced at the start, had reconsidered his ideas of universal happiness, this marvelous communism which, for many in the West, still meant "I will have the boss's car, and he will have my bicycle." Not only will you not have the car, but you will no longer be able, after work, to play cards with friends and openly laugh at a remark or an initiative of a leader, or complain about it, if needed. However, if I deplored the government's hold on the population, on the other hand I admired the patience of the Chinese, as if their time was not counted in years or decades, but in centuries, the incredible Chinese patience which allowed not only the construction of a Great Wall, but that of these interminable rolls of parchment on which was painted, precisely in Chinese ink, a part of the long history of the country. And in any antiques shop, in Peking or Shanghai as in Wusi or Canton, the antique dealer undid the knot of the little cord that held the scroll and let it unfold in front of us.

Good price, Missie, very good price.

And I was asking laughingly if this "good price" was for him or for us.

No, no, Missy. Good price for you!

But in new China, we did not haggle. The prices were supposed to be right from the outset and I wondered how, among other constraints, the government had managed to stop this practice so natural for all Chinese and that each trader had more or less in the blood. In Hong Kong, haggling was frequently part of the pleasures of the transaction; except, of course, some department stores or storefront shops, where prices were fixed and merchandise was take-it-or-leave-it. Everywhere else the sales gave rise to these discussions, which were often very cheerful.

In Wusi as elsewhere, the small teahouses, symbols of idleness and privilege, were closed.

We arrived in Shanghai.

From the first sight, one had the certainty of reaching a large city, not only by its acreage or the number of its inhabitants, but by its outreach and the influence which it exerted on the province, even on the whole country. However, unlike towns of lesser importance and their wide and often empty avenues, free of traffic except for groups of bicycles, rickshaws always, and here and there a few cars, and where the ideology had seemed to me more flexible as if the government had somewhat loosened its grip there, here on the other hand Mao-tse Tung's communism, constraint, intolerance, put its full weight. Yet in Shanghai there were still testimonies of a former opulence.

Along the Bund, this quay which borders the Yan-tse Kiang - the Yantse River - stood tall buildings whose now outdated elegance we could guess, as it must have been at the beginning of the 20th century. Everywhere, I was arousing curiosity. People were looking at me, nudging each other to indicate me to others, and laughing, their hand in front of their face, but nothing more. Then in Shanghai, they were following me. Five or ten people at first, then the procession got bigger. Soon I had twenty, fifty people behind me. Then a hundred, two hundred. No animosity, only immense astonishment, as if I had come straight from the planet Mars. Dante, annoyed by this crowd, has crossed the road and was walking parallel to me on the other side of the street. They left him alone. At the entrance to a paid park, the crowd gathered at the gate, but was not going to pay to enter and I was temporarily rid of my train. However soon it was in the park that a new procession was re-forming.

The ideology, the constraint, the curiosity that I aroused, everything weighed on me. I was starting to get seriously tired of China and when a return flight took us from Beijing to Canton, and from there the train rolled on to Lo Wu, the border, I didn't dare to think anymore. Let's move forward, only move forward, each turn of the wheel bringing us closer to this passage from one oppressive world to another where we dare to laugh, speak, be ourselves, say what we think . Do we ever realize how lucky we are to live on this side of the fence? And the train rolled, rolled, we are approaching, another ten minutes, five, we were slowing down, the train stopped. Lo Wu. We were about to move from one station to another. From one world to another. I made myself insignificant. Non-existent. Passports. The customs officer, stern, was inspecting. Didn't like us. We were leaving his country. Would he affix this stamp? He had his hand in the air. I was waiting. Finally, he gave this stamp that marked the documents and freed us. As on the outward journey, we walked from one station to another. From one world to another. It was done. We were leaving China. And as the little twister was crossing the New Territories towards Hong Kong, as the same peasant women were taking their spots with their cabbage baskets and their chicken coops, I suddenly felt that the burden was lifted, that the oppressive weight no longer existed, that I dared to laugh, to speak, to be myself, that I rediscovered, in short, freedom.

Life had resumed in Hong Kong, free, pleasant. What a pleasure to join our little Frédéric, a boy who was laughing, showing all his little pearls of teeth. Mami and Daddy were there. He was happy. As if we had ever wanted to abandon him. I was kissing him, hugging him. Dante wanted his share, carrying his son, holding him close to him. "Big boy!" Soon followed a long sentence in Cantonese, the southern Chinese language, which Dante and I understood nothing of, but which Frédéric, a little fellow, spoke with the ease and verve of a four-year-old child. And I regret that this knowledge did not stay with him. We left too early. The Ahmas were happy too, Ahoi, Ayeng. Yes, everything had gone well, but they were very happy to know that their responsibility was coming to an end, albeit with a little regret. They were attached to the child who now needed to go back to his parents. But it was only an intermittent return. They would of course continue to see Frédéric, especially Ahoi, from whom I had no intention of parting. She asked me laughingly:
You see Motchatoun?

I did not understand. She must have taken my silence for reprobation. Oh, Mao-tse Tung. I understood too late. No, I did not see Motchatoun, but portraits in many places: train station, airport, bus stops, hotels and restaurants.

Soon I resumed classes at the Alliance Française, but no longer went there with enthusiasm. In fact, I had gone through three phases: first, fear, this stage fright that had paralyzed me. Then little by little ease, confidence, which made me go to these courses with pleasure. I no longer had the fear of the beginning, was sure of myself and liked teaching, talked cheerfully with the students; it was the happiest period. But soon boredom. These classes were repetitive, I already knew the sentences I was going to say, I knew the texts to study by heart and the classes then seemed to me a heavy monotony. I could not do it anymore. To encourage myself, I thought of the money I was earning, but that was not a sufficient stimulus to compensate for this weariness which made each lesson a long, heavy effort. I really needed to find something else. Translator maybe. Translate any work from English, German, Italian or Spanish into French. Also from Russian maybe, although my reading of Russian was very slow and I wouldn't have been sure to catch all the nuances of the text. I was there in my thoughts when I received this phone call from Egle Cabella who told me that a luxury hotel on the Italian Riviera, the Imperial Palace, was looking for a Director. Would Dante be interested?

Yes, yes, I was all excited and Egle was no less on the other end of the line. She was calling me from Italy and I was touched that she and Franco thought of us from so far away and took the trouble to call us. I spoke right away to Dante who was immediately interested. He made contact with the Italians and obtained a contract. Soon we would leave for Italy, for Santa Margherita Ligure - such a long name for such a small town, moreover lovely, on the shores of the Mediterranean - which however at first seemed so calm to me. I missed the Orient. I was trying to chase away this nostalgia that took hold of me, and little by little I was going to like this little town a lot.

At the Mandarin, we bade farewell to everyone we had known, the staff of the various departments, and of course to Rudi and Erni Koeppen with whom we had been very close. Rudi, especially, seemed very affected. He and Dante had alternated in the same position for four years, but they saw each other every day and liked each other. Rudi was ambitious - he would later hold high office - but for now, we were leaving and he was staying. I also had the impression that between Erni and him things weren't always looking good. Nor between Dante and me either, but

I hid it better. It was amusing to see later, when they came to Italy, to the Imperial Palace which Dante managed, that Erni and Dante were always hanging out together, and so was Rudi with me, which did not displease me.

I have sometimes wondered what Dante's career would have been if he hadn't met me. I contributed so much to it - by letters, by the contacts thus made, by my own ambition. "Tu l'hai aiutato" (you helped him) his mother told me one day, and I was touched that she recognized it. Yes, I helped, I contributed, I pushed the wheel. I have often assessed for him, saved him from mistakes without him even realizing it. But errors, blunders, were increasingly rare. He was intelligent, quick-witted, but there were basics that he lacked, more advanced studies, requirements in behavior, coming from the formative years, which I would not have been able to fill. I tried, later, to make him follow courses by correspondence, but it lasted as long as the roses last. He was an adult, he had a job - which he practiced very well, moreover - and these attempts at intellectual training seemed quite vain and superfluous.

Chapter 7

From Hong Kong, we made a return trip via Tokyo, the Hawaiian Islands, Los Angeles and New York, before Europe, thus completing a first world tour.

In Tokyo, we stayed at the Okura hotel, where Dante knew the manager who gave us a suite. There too, we were privileged. Yet in Tokyo I was shocked by the multitude: people, people everywhere, to discourage you from being human, from having also, like these innumerable crowds, two arms, two legs, a body and a head. Acquaintances came to pick us up one evening for a meal in a typical Japanese restaurant.

Hurry up, said Dante. We can't make them wait.

I'm coming, Dante.

Would he ever stop harassing me, putting this constant pressure on me? As so often, I pushed those thoughts from my mind. "Slander, slander, said Voltaire. Some of it will always remain." Dismiss, dismiss negative thoughts, some of it will always remain.

In the restaurant we were seated on the floor, on cushions, in front of a table that stood only a few centimeters above the ground, with a turntable where, with a slight movement of the wrist, we brought to us the foods we wanted to taste. Several of these restaurants have also opened in Europe and if they are still pleasant, creating conviviality, they are no longer a great novelty.

I haven't known enough of Japan to appreciate all its finesse, delicacy and subtlety. I admired the impeccable cleanliness of these interiors with sliding doors, parchment floors – you left your shoes outside – and the low furniture where everything seemed miniaturized: from furniture to bowls or dolls' plates. And Japanese courtesy, this way of bowing, hands joined, to greet or welcome. Even the dishes were presented with extreme refinement and an arrangement of colors that turned them into small paintings. The language too had more flexible inflections than Chinese - Cantonese or Mandarin.

Nevertheless, I prefer Chinese culture to what seemed to me to be Japanese smoothness, where we face extremes: all the flexibility and friendliness of the world, but also an implacable determination. The Japanese work, and work well, as evidenced by Japanese cars, for example, which have invaded Western markets and are in serious competition with German, French or Italian brands. I was struck by the contrast between the harshness or the insensitivity of certain aspects of Japanese culture – as manifested by the samurai warriors of the previous century, or, more today, by those "kamikazes" who do not hesitate to sacrifice their lives for their country - and on the other hand by the extreme refinement of dress, food or intellectual customs.

To choose between cultures, Chinese or Japanese, Dante, I prefer Chinese culture, perhaps because I know it better.

The Okura is a very nice hotel, and as a porter was loading our luggage into the taxi that would take us to the airport, the assistant manager came to greet us. We obviously thanked him for all the attention we had received.

Have you seen his age? Dante told me later.

Yes; you have a younger career.

From Tokyo, flying to the Hawaiian Islands, we pass the "date line", the line - obviously fake - for changing the date. From Europe, flying East, we always lose a few hours, up to a total of 24 hours that we suddenly regain over the Pacific, between Japan and the Hawaiian Islands. So, we left on a Sunday evening from Tokyo, flew practically all night, and arrived in Honolulu on Sunday morning! In Honolulu, we stayed at a very nice hotel whose name I forgot. A path lined with palm trees lead to it and I admired the care with which the paths and lawns were maintained. Jackie Kennedy, among other personalities, had just stayed there.

As so often, I thought, "If only I could have taken this trip with a finer, more educated man!" And as so often, too, I pushed those thoughts from my mind. But how could I bring him to more sensitivity, more altruism? Most of his sentences began with: "Me, I..." and everything always had to revolve around himself, what he wanted, what he found, what he would do, and his thoughts were not always enriching; they were often criticisms, and the most beautiful places were overshadowed by them.

In Hawaii, I took advantage of the hotel pool. Over the bikini, I was wearing a long piece of fabric tied at the waist, forming a skirt. Young, beautiful, privileged, making an extraordinary trip with my husband, always in beautiful hotels and in these paradisiacal places, why in the world did I have to feel this bitterness which hid my sun? I was reasoning with myself, lecturing myself. Yes, Boudy; I will appreciate you, love you, and enjoy all the luck I have to make this trip.

In Hawaii, Dante bought me a "moumou", one of those brightly colored dresses worn by Hawaiians, and just as many tourists, Americans for the most part, on whom these fabrics with large red and green flowers did not seem very becoming. As for me, I was delighted with my "moumou". I was very thin and it fit me well.

In these islands, the temperature is the same all year round, neither too hot nor too cold; and however pleasant it was, I reckoned it must have been monotonous. I like the variety of the seasons, even the rigors of winter after which we see with pleasure the coming of spring.

We had been surprised by the smallness of Waikiki. The beauties of this beach had been frequently mentioned to us by travel agents and hoteliers and we expected a spectacular expanse of sand, stretching out to infinity; but it is only a very small beach, soon ended with rocks, then villas which I imagined the very beautiful view they must have on the ocean.

Upon arrival in Oahu, the main island, we saw ourselves adorned with a necklace of flowers and two or three Hawaiian women performed a few dance steps, swaying their hips for us as a sign of welcome. I moderately appreciated this staging for tourists and preferred, a few years later, the arrival in Tahiti without flower necklaces or dances, but where, I reckoned, the authenticity of the islands was better preserved.

Dante was not intellectual and as soon as he arrived in a new place, he had to go out, see, do. He needed something concrete. And while he was walking in the streets of Honolulu, I enjoyed staying on a beach, watching some natives live, and soaking up the atmosphere of the place. I saw a young Hawaiian climb nimbly up the trunk of a coconut tree, drop one or two large nuts with stringy bark, then cut it open with a blow of a machete and offer it to me, all white and milky inside. He expected a dollar or two, of course, which I gladly gave him. I looked at the waves whose more intense, deeper blue seemed to me to reveal the power, the immensity of the ocean. On its reflections, the sky shattered into a thousand pieces in shards of opal, brilliant, which are extinguished on the sand.

Did you have a good afternoon, Dante?

Yes, yes, very good.

Me too. Thanks for asking.

Tonight, he informed me, there is a show at the hotel.

In the gardens of the hotel, there were Hawaiian dances where the artists, dressed in loincloths and feathers and holding a javelin, squatted, straightened up, barefoot, tapped the ground with their heels and hooted to the rhythm of a tambourine, everything being lit by fires whose sparks surround the scene. I was amused by this folklore obviously designed for tourists like us.

Then came the flight to Los Angeles, the city of angels, a huge city that stretches for miles. However, like any self-respecting tourist, we saw, not far away, the Hollywood studios, the cardboard decorations, trompe-l'oeil facades, with nothing behind, the bungalows of John Wayne or Gregory Peck. An open wagon took us on a circuit through this world where everything is an illusion, but where, on the screen, things seem so real. And I wondered if I would have liked to be part of this world of "show biz", of glitter and glamour where smiles, kindnesses, compliments, are most often as artificial as facades. This does not prevent me from recognizing the talent of Dustin Hoffman or Merryll Streep for example, actors or actresses who are not always exceptionally beautiful, but immensely talented.

From Los Angeles, in a rented car, we drove to Las Vegas through the Mojave Desert and Death Valley, where I couldn't take three steps out of the air-conditioned car without being dizzy with the heat in this unforgiving desert that lives up to its name. In this immensity of dirt, sand and stones, where nothing grows except a few thorny cacti, as aggressive as the climate, I prayed to Heaven that nothing would happen to the car and that we could leave this inhospitable environment and find civilization unhindered.

In fact of civilization, Las Vegas is only a succession of casinos where in each room, at each table, everyone anxiously follow the movement of the small ball thrown by the croupier. It turns endlessly around the numbers for luck or disappointment of players who, of course, will recoup today's losses tomorrow. I don't like gambling and will never understand how you can throw the money for the rent or the children's schooling on a green carpet. Would casinos exist if gamblers made a fortune? Sure, there's that heart-pounding wait as the little ball spins around the numbers, but those moments of suspense can't, I reckon, outweigh the inevitable losses that enslavement to the game brings.

However, you cannot be in Las Vegas without entering a casino. Dante and I gave each other a hundred dollars, whoever lost it first. It didn't take long for me to offer it to the casino. With Dante, it took a little longer, but the colored chips were also soon picked up by the croupier's little rake. We had done our experiment and that was enough. I was happy to leave the room. Yet in these casinos everything is done to make you stay. The rooms are pleasantly air-conditioned while outside it is 40° centigrade. You are also frequently offered a cold drink, or a tea or coffee, presented by lovely maids in light, suggestive outfits. Who would want to leave this paradise to face the worries and the heat wave outside? It's a fake paradise, too, and it's all about the Almighty Dollar.

Las Vegas is a plethora of lights, of brilliance, of tinsel, and as soon as night falls, the hotels, casinos and other gambling houses go all in displaying all their lights, flashing or permanent, and all their neon lights in all colors. The reflections of an Eiffel Tower shine on a basin and along a canal, rise at regular intervals multicolored water jets.

With all its brilliance and all its attractions, Dante, Las Vegas is a world of illusions, mirages and dreams.

Yes, but it's attractive. And Americans like it. It's rich. Hurry up, we have to go.

But when will he stop teasing me! Then he got ready to carry the luggage.

Leave it, Dante. A porter will take care of it.

Then he was mad at me. The Lady who is always right. I was tired of the constant pressure he exerted on me. When would he gain a little more respect?

I missed my son. My little Frédéric. In Hong Kong, my brother Paul had come to pick him up and I knew that in Beau-Chêne, the villa in Geneva, between my parents and my brothers, he was undoubtedly very well.

But for now, from Las Vegas we were arriving in San Francisco. Our hotel was located in Knob Hill, on one of the hills of this city that is visited up and down hill. A very beautiful city from which one has, almost everywhere, a splendid view of the Pacific. Much later, my cousin André would ask me, one day that I was singing the praises of San Francisco, what this city reminded me of. "Lausanne" I had replied, thinking of the hills of the Vaudois capital. The same steep streets, the same elevations. And I saw the little tram going up, jingling bells, the steep streets of San Francisco, and the Golden Gate Bridge joining the two shores of the bay which, in turn, lead to the Pacific.

It must not be unpleasant to live in San Francisco, Dante. More pleasant, I think, than in Los Angeles which stretches endlessly. "Frisco", as the Americans say, is beautiful.

From there we flew to New York. On the one hand, I regretted a little to fly over this huge country and to have seen only coastal cities and a bit of the Nevada desert, but on the other hand also not unhappy to leave a land as inhospitable as the desert of Mojave or the Valley of Death where, among the dirt, the stones and the cacti, I had felt overwhelmed with heat.

The flight was long from "Frisco" to New York. There were certainly stopovers, we might have even changed planes.

Chapter 8

Upon arrival, I was struck by the incredible vitality of New York. As soon as we got off the plane, we felt this energy, this dynamism; everything was more rapid, alive, vibrant, even expeditious. There, nothing lingered. "Time is money".

Plaza Hotel, says Dante to the driver who, from the start, his foot on the accelerator, rushes, insinuates himself into traffic, brushes against bodywork, and passes.

Dante, I would never dare drive in New York.

They are used to it.

They need strong nerves. I like the rhythm of Hawaii or Bora Bora better. But here all the same, it's exhilarating.

Like in Tokyo, it's a tangle of elevated roads, then a bridge, a tunnel, and the taxi rushed in, knowing its stuff. Here, everything is bigger, more powerful, faster. New York is a microcosm, an abbreviation of the universe. All the tendencies, the aggressiveness, the tolerances, all the customs and all the ideologies, the fortunes and the miseries, all the ambitions, the wills and the uniqueness of the world are reflected there. And you can find everything in New York: Nepalese specialties or a Burgundy fondue, a sari from Bangalore or Tyrolean leather breeches, and along Fifth Avenue, the shops where a simple dress, but with a studied cut and a valuable fabric, probably costs more than an average salary.

The fewer things in the window, said Dante, the more elegant the shop. And expensive.

And the prices are not indicated!

What a traffic! It's crazy, he said, looking out to the street.

Indeed the flow of cars was incessant on these two, three and even four lane streets. I remembered that in Tokyo, the door of a taxi opened automatically, probably operated by the driver. In New York, we opened the door ourselves. But there the difference ended, because whether in the Japanese capital or in New York, the taxi spun, rushed, and insinuated itself into a traffic as dense in one city as in the other.

Dante, why do we call New York "The Big Apple"?

He consulted his gadget, his little portable encyclopedia, but did not get the answer. I regret not having asked the question to the taxi driver who perhaps knew it or who, with all the verve of New Yorkers, would have made up an answer.

In New York, much more than in Los Angeles or San Francisco, I was impressed by the height of these skyscrapers that bristle the city where the horizon stops.

To work on one of these constructions, I imagine you don't have to be dizzy.

It makes you dizzy just looking at them, said Dante.

Indeed one feels very small next to these giants of concrete, glass and steel, and also impressed by the incessant movement of the city, by its gigantism and its sped-up life. New York is powerful, alive, vibrant, and as soon as night falls, as the last light of day fades, the city's fires light up, intermittent, constant, of all shapes and colors, and the noise does not diminish. I was tired. Still, I enjoyed as much as possible the show that Dante and I saw one evening on Broadway where, on stage, the female dancers in minimal attire form one or two circles, then a line, and raise their legs in perfect synchronization, all at the same height and at the same time.

But despite the interest of the trip, I was exhausted from all these stopovers, packing, unpacking, repacking, and all the changes in climate, food, schedules, and the pressure that Dante often exerted on me. "Hurry up. We can't keep them waiting. You have the passports? Have you forgotten anything? We don't have time. Ah, that woman!" As if he could never count on me. And he was monitoring, checking, walking around the hotel room, the bathroom, important, angry at not finding anything, then got ready to take out the luggage, remembering that a porter would take care of it.

Maybe we should leave something for the maid, Dante.

Then he was angry with me, irritated at not having thought about it. So he took his wallet out of that big black bag he was constantly carrying around.

Call the reception, they send someone for the luggage.

But Dante, you told them not ten minutes ago, I answered, as there was a knock on the door.

And while at the reception Dante was paying the bill, I admired the huge chandelier in the hall, and I imagined that in the evening the brilliance of its thousand facets must be reflected in the mirrors of the hall and increase their luminous effect.

I didn't care about the money, knew that our means, if not unlimited, allowed us this trip and also that at the end of the road there was a new position for Dante, new responsibilities in this hotel that I hadn't imagined, my head still full of images and impressions that we were living at the time. I had changed a hundred-dollar bill into denominations of twenty and ten to give to the staff: floor porter, chambermaid, the porter who took our luggage to the taxi, and at the airport for the employee who would load our suitcases onto one of those motorized and usually overloaded carts. I had often thought of our little Frédéric, such a marvelous little man that I was in a hurry to see again, this three-year-old boy that I missed. Dante also rejoiced to go back to his son.

The plane is leaving in four hours, he informed me.

Oh, we have plenty of time. I would like to eat something.

Yes, I'm hungry too.

Before the departure and access to the plane, we could therefore take a small "snack". In one of the airport restaurants which, like New York airport, had more than one, we stopped for a brief meal.

We will surely be served something on the plane, Dante.

Yes, but only in four hours.

It's true. And four o'clock is the time for take-off.

Watch our things, he said, getting up and kicking towards me this big black bag that he always carried around. Where was he going? I didn't understand that he always had something to do elsewhere, and also that he always took care of this big, heavy, cumbersome, inelegant object. Would he one day acquire a little more finesse and elegance? And altruism too? I was tired, but I wasn't going to complain about taking such a long trip.

It was the last leg, from New York to Geneva. Why on this trip had I never managed to be fully happy? On the contrary, I had so often to dismiss from my mind these negative impressions, disappointment, even embarrassment, which I did not express, always repressing these feelings.

The flight was long from New York to Geneva and yet we flew over a whole part of the Atlantic in a matter of hours.

At the time, Dante, it took days, even weeks for a distance that today we cover in a few hours.

He did not answer. I bothered him with my comments. Admittedly my remark was not very original and yet a traveler who had heard me, and who understood French apparently, looked at me and smiled. If only Dante could react like this. Most often my sentences hit a wall; and I was so tired of this perpetual frustration, and of his proletarian attitudes as well. Once again, I pushed these negative thoughts out of my mind.

We were served a meal on the plane and we even had the choice between two menus. I was not very hungry, but above all I couldn't wait to get there and when, after the meal trays had been removed, the small shutters of the portholes had been raised and we were asked to fasten the seat belts for the landing at Geneva-Cointrin, I could hardly believe that our trip was complete.

We disembarked, and in the airport hall, they were all there: my parents, my brother Paul, and little Frédéric. What a joy to see them, kiss them, Mami, Dad, and little Frédéric whom I was holding in my arms. Only Georges, over hill and dale as much as we were, was missing, temporarily I hoped.

So, here are the great travelers! Mom said, all smiles.

Dante was also happy, holding in his arms his son laughing with happiness. Paul looked at me:

You look exhausted, he said.

Indeed I must have drawn features, marked by so many efforts, concessions. And I was touched by a remark which, even if it was not flattering, was said for me, for my benefit, and showed concern. The advantage of indifference, long felt, is that from then on the slightest attention is perceived as a gift. I breathed the happiness of being among my own, in the warmth and care of my family, and soon to see Aunt Anne again, little tit'Anne who was having trouble walking now and whom I would also be so happy to kiss.

We picked up the luggage, loaded it into the Opel Kapitan and rushed into the car that Dad drove as badly as usual. I was delighted. It's family, my family, as always and I was very moved. And suddenly, Dante put his arm around my shoulders. He too felt this happiness to be there, this affection, this warmth, and rekindled a love that I had thought had been forgotten. Boudy!

We were arriving. Beau-Chêne. How beautiful was the house. I ran towards the steps, my soles crunching on the gravel, climbed the few steps, pushed open the heavy oak door and in the hall there she was, Aunt Anne, little tit'Anne, leaning on a cane now, who I knew was still trying to make herself useful in the house and I was so happy to kiss her.

Ach, how glad I am to see you. Nou come, come, I made tea.

She also began all her sentences with this "nou" which smells of family. Mom approached, charming Mami, so shrewd, so educated, who had so often corrected my Russian translations.

No. Marianchka, you must be tired. Aunt Anne has prepared your room if you want to rest.

Between the tea Aunt Anne offered and the room Mom suggested, I was surrounded by such affectionate care that I rediscovered.

Seeing Beau-Chêne again, this beautiful villa, I was thinking of the various properties that belonged to the family: the house of Uncle Martin, Roelbo, in Chambésy - near Geneva - with its lawn, its park which came all the way down to the railway line, at the very bottom and which, as a teenager, I liked to take a long walk around, going up towards the tennis courts, passing through the orchard, the gardener's house, that of Louis, the driver, the barnyard and his hundreds of chicks, to reach the central alley lined with fir trees, which lead to the mansion. I was thinking of Mirival too, the property of Uncle Édouard and Aunt Grete, his wife, who had a passion for cleaning and numbered her rags to put them in the right order. Mirival, in Cologny, overlooked Geneva with a magnificent view of the city, the harbor and the end of the lake. Every year, on December 12, she and Uncle Édouard - whom we called Uncle Édia - invited the whole family to celebrate the Escalade where the Republic of Geneva had victoriously repelled an assault by the Savoyards in 1885. And the youngest - for a long time, my brother Paul - was to stick a knife into the big pot of chocolate and its marzipan vegetables, and declare loud and clear "Thus perish the enemies of the Republic." After Uncle Édia's death, Aunt Grete kept up the tradition and we all enjoyed getting together on December 12 in the large dining room at Mirival.

    I was thinking of the property on rue Charles-Galland too, a mansion with its high windows, its lounges and its wooded dining room, where our cousins lived. What remains today of these beautiful residences? Roelbo still exists, but the land has been divided up and many small villas have been built there which mar the former beauty of the park. Beau-Chêne was demolished. Instead of the house and the garden, there is now an eight-story building and a street. There is still the fountain which was at the end of the garden, and the garage. The property on rue Charles-Galland is now a bank, I believe, or an embassy. Mirival, in Cologny, no longer exists. I saw the demolition work, but having never been back there, I don't know what has been built there since.

    For now, I was in Beau-Chêne, which would still be standing for several years, thank God. And I got back in my young girl's room and its balcony which overlooked the garden.

    Dante couldn't wait to leave and join his family, which I understood. He went alone. We would meet later and I stayed with my parents and my little Frédéric whom I loved so much. Basically, I was not sorry for this interlude that allowed me to recharge my batteries. No more constraints. No more "Are you ready? Hurry up. We can't keep them waiting. Did you forget anything?" And so often a lack of respect that hurt me. Already it seemed to me that my features were not as drawn as on my arrival.

    In front of the house, there was this park which a Mr. Bertrand donated to the city and which bore his name. I really liked to walk there with a book, sit on a bench and read for a while. However, I missed Asia. Hearing and speaking only French saddened me a little. I would love to hear English again and even - if not especially - this "Pidgeon English" from Ahoi. "You no touchy, Missie. My maky."

Dante went alone to his village first, then went down to this hotel on the shores of the Mediterranean, this Imperial Palace which he was going to manage; he then went back to Geneva to look for us, Frédéric and me.

You should have seen it, he said to me when he arrived. There was no one except a gardener, Ambroggio. I told him "I'm the new director," He looked at me like I fell from the moon.

I laughed. I imagined his arrival in this closed, empty hotel and a sleepy seaside resort.

The Sleeping Beauty? And how is the hotel?

It is beautiful, big, but all closed. It's a bit sad.

I said goodbye to my family, promised to give them news soon, and the three of us left for Santa Margherita Ligure, a very long name, really. Dante was driving well, a Chrysler, a nice car, recently acquired.

From Geneva, we went down to Turin, then via Alexandria, towards the Gulf of Genoa and Santa Margherita which is only a few kilometers from Genoa. And I discovered a bit of this little town which, at the beginning of April, still seemed so calm, but which, with the arrival of the high season, was soon going to come alive, all the shops opening and staying open for long hours, and the terraces and sidewalks in front of the cafes being filled with tables and chairs. The traffic was also going to intensify with sometimes these motorcycles passing at full speed in a roar to break your ears, worthy of Indianapolis. I rejoiced in this animation, in all this life that was beginning again.

But in this spring of our first season in Santa Margherita, I knew I was expecting a second child.

Yes, Dante. It's certain. The doctor confirmed it.

I was happy, and Dante too. Frédéric was three years old, and at the end of the year he would have a little brother or a little sister. I was hoping for a little girl, but like when I was expecting my son, I reasoned with myself. If it were to be a second boy, I would love him wholeheartedly too, of course. My thoughts were the same as when I was expecting Frédéric, except then I was hoping for a boy.

Dante had the Italian passport, green. I had kept Swiss nationality, and therefore a red passport. And Frédéric, born in Hong Kong, had the British passport, blue. And I wondered if for this second child, I was not going to cross the border, in Ventimiglia for example, and by the birth of the child in France, add a fourth nationality to the family, and a passport of a fourth color. When later I crossed the border with the two children, showing passports of three colors, the customs officer looked at me with astonishment. "And that's a family?"

Chapter 9

For now, as I was already acquiring curves that revealed my condition, I was asked three times a day: "When are you due?" "Early December." "Oh, you're big already. Will it be twins?" "No, no." I was annoyed by these questions, which revealed an embarrassing curiosity. Adrienne was born on November 30. But it was no longer the Canossa Hospital in Hong Kong with bright, spacious rooms overlooking the bay, but a hospital that seemed medieval to me with its worn-out staircase and narrow corridors, where I was nevertheless entitled to an individual room, but tiny, with just enough room for a bed and a cradle.

Una bambina, said the disappointed nurse when my little girl was born. Hospital staff were tired of putting only pink ribbons on the cribs. As for me, I was delighted, happy.

Dante too was happy with this birth, the one he would soon call his "Tchitchina'... After a week, I left the hospital.

Winter is very mild in Santa Margherita and only requires a mid-season coat, but certainly no thick woolen clothes or furs and from then on, with my regained figure, I liked to walk in the picturesque alleys of the little town, pushing the pram where my little girl slept, skirting the seaside and then reaching, in front of the church, the square paved with large rounded pebbles. Sometimes I was recognized: the wife of the "Direttore de l'Imperiale" and I was delighted, with a feeling of belonging.

At the end of this month of April, I celebrated my thirtieth birthday. But since Dante hadn't thought about it – in his family, very few birthdays were celebrated – and since I had regained my figure, I took the initiative to buy myself a white outfit, trousers and a tunic, and had the invoice sent to the Imperial. But I informed Dante. He was very unhappy. So I got angry.

Dante, I'm thirty today. You haven't even thought about it, and I never ask you anything. So today I took the initiative, for once, to buy myself a set that I will often have the opportunity to wear!

Alright, alright. I just don't know how I'm going to pay.

You don't know how you're going to pay? You get big salaries; we live in the hotel and have no expenses; you don't give me a penny, and you don't know how you're going to pay?!

From then on, he gave me the generous sum of 40,000 lire per month, or at the rate then, about 280 Swiss francs, on condition that I, with this amount, cover the needs of the children and my own. He himself received the equivalent of 5,000 or 6,000 thousand Swiss francs. It was not avarice with Dante, but the need to manage everything, to have the upper hand over everything.

Dante, what are you doing with your money? You always seem like you have nothing.

Don't worry about that.

What do you mean "don't worry about"? But it affects me too, all the same!

You have everything you need, don't you?

Yes of course.

How much I had to fight to get the low percentage he agreed to give me!

However, in the evening, I used to see him go around the hotel, including the areas reserved for staff, and turn off the superfluous lights. There was such a contrast between his careful, scrupulous management of the hotel budget and his indifferent management of our private funds. But one did not exclude the other, I reckoned. However, very quickly, I stopped thinking about it. I was very privileged. We lived in beautiful surroundings and the Imperial Palace lived up to its name. We reached it by a graveled path, lined with embankments and lawns carefully maintained by several gardeners, including Giulio with whom I often exchanged a few words. In front of the main entrance, Signor Maurizio, concierge, important in his black jacket with gold keys on the lapels, greeted new arrivals with a smile and teased his little world of porters and baggage handlers.

The building itself was beautiful and although of an older, more elaborate architecture, which may seem dated, it had, and I think will always keep, this elegance of the great buildings of the beginning of the 20th century.

Past the main door, in the spacious hall and its large multi-faceted chandelier, was the concierge's counter on the right and opposite that, the longer counter of Mr. Zumofen, reception manager, and one or two secretaries in becoming attire, burgundy jacket and skirt, and white blouse. Further on, the elevators and, on either side, a wide carpeted staircase. Beyond the lobby, you could access the restaurant, which was generally empty, or almost, in the middle of the day, the clientele favoring the restaurant on the beach, its terrace, its parasols and its proximity to the sea, the view of which extended to the horizon where sky and sea merge in the same blue.

We reached it further down, after a walk of six to seven minutes along the path which winded through the gardens, past the swimming pool where Piera, the "bagnina", saw to the cleanliness of the cabins and distributed the linen or stretched them out on the deck chairs. From there, we reached the beach bar, its open terrace, overlooking the Mediterranean. This was Elio's domain. Oh Elio. He was the soul of the beach.

Elio, a grapefruit juice, per favor.

Elio, a Coke.

Of course. American champagne for the Siqnora.

At the start of the season, things were still relatively calm, but were already starting to liven up.

Piera, per favor. Can you straighten the back of the deck chair for me?

And Piera straightened the seat back a degree or two.

Piera, I have too much sun!

And Piera changed the angle of the parasol.

Elio, un succo di pompelmo, per favore.

And Elio was making grapefruit juice which, of course, had to be pink. Then from his bar he climbed the spiral staircase towards the swimming pool, the tray at shoulder height, and deposited polychrome drinks for these people. And he, too, changed the tilt of the parasol by one or two degrees.

The beautiful sun of Italy! But like all good things, it should not be abused. You know that better than I, Signor Dottore, don't you?

And he left that laugh that you heard from the beach to the hotel.

From everywhere there was a very nice view of the sea.

At this time a poor devil came to the hotel and asked to see the Direttore. He was ushered into Dante's office.

A job, Signor Direttore. I would do anything. (He twisted his cap.) Anything, Signor Direttore.

Dante pondered.

Do you know how to drive?

Yes, Signor.

And you have a driver's license?

Yes, yes, I have a driver's license.

So this is it. I need a valet to park customer cars. And also to drive them to the beach bar and back. This will also give you some tips.

Oh, grazie. Thank you, thank you, Signor Direttore.

Overwhelmed with gratitude, he couldn't find his words. Then:

Could... could you perhaps lend me fifty liras to call my wife?

And I wondered where and how Nino would have found something to make his next meal. From then on, in the blue cart, all open, he drove down and up the clientele of the hotel towards the beach and back, a clientele that six to seven minutes of walk through the gardens of the hotel would have exhausted. But at the Imperial Palace, everything was done to make a stay as pleasant as possible for these often very friendly people.

I had forged one of those fleeting friendships with Madame Schwab. She and her husband owned a hotel in Davos and at the beginning of the summer, she came to stay at the Imperiale.
Frédéric was five years old, Adrienne one year old, and when I was not in our rooms or out for a walk with the stroller, the daughter of Piera the "bagnina", a young girl of fifteen or sixteen whose name I have forgotten, took care of Adrienne and really enjoyed taking care of her - a real little mum - and thus making a little pocket money. It allowed me to sit at the beach bar with Mrs. Schwab and laugh at my son's escapades. He would go off towards the rocks which, further on, bordered the sea, and jumping from one to the other, harvested crabs which he put in his bucket; then proudly came to show us the harvest of crustaceans which were swarming at the bottom of the bucket.
Madame Schwab was laughing.
And what do you do with all those crabs?
Ah, he said seriously, later I put them back to sea.
I laughed about it too.
La Signora, said Elio, she has the best part.

Certainly, I was very privileged. Living at the hotel, I had no cleaning to do. Our rooms were neatly tidied up by a maid. I didn't have to shop or cook meals, didn't have to worry about washing or ironing, and even if a button was missing from a shirt, one was sewn on in the linen room. But this idleness weighed on me. Several times I had asked Dante to get me an occupation at the hotel. At the reception for example, or in the offices; I could have taken care of the correspondence. I wrote well, in several languages. My requests had gone unheeded until the day he told me he had a job for me... in accounting! It wasn't really my field; I was better at letters than numbers, but it was work and I wasn't going to complain. From then on, every day, in the middle of the afternoon, I went to an office located in a small building behind the hotel and reviewed accounts. This lasted three weeks until the day when, arriving at this office, I found the seat taken. Dante had hired someone for the job I was doing without telling me, adding to the humiliation of seeing me replaced - for incompetence? - the fact of doing it behind my back, reserving the good surprise for me. I was very hurt. And did not understand this attitude. What pleasure could he find in diminishing me like this? Dante was constantly trying to bring me down to the level of one or another of the girls in his village who admittedly had no university education. But when he found himself in a difficult, embarrassing situation, he was quite happy to get my advice.

From then on I was free, yes, but idle again and didn't quite know what to do with my days. I was reading, writing a letter to my parents, embellishing things. I wasn't going to tell about vexations or wounds of self-esteem, but about the beach and the clientele, Frédéric's games, Adrienne's progress, Dante's work.

With the high season, the work had intensified. The weather was nice and warm and the hotel was full: a well-to-do, privileged and demanding clientele. We were not at the Imperial Palace like in a small village pension. Often I admired the outfit of the ladies: the beach dress opening onto a matching bathing suit; or the perfectly cut shorts and the short blouse, carelessly tied, leaving a bare space at the waist; and in the evening, the long skirt and sequined blouse, or the floor-grazing dress, the neckline opening onto tanned skin. For gentlemen, often white trousers, with an impeccable fold and a shirt in pastel tones with a monogram on the pocket. Rarely a tie, rather a scarf; a skillfully relaxed outfit, the negligee carefully studied. Dante also knew how to dress and as Director of the Imperial Palace, had to be elegant. As for me, I juggled with limited means and the requirements of the place. I had for me to be young, tall and thin, and between the few things bought in Geneva with Mom - and thanks to her - and those that I bought at the Thursday market in Santa Margherita, I generally had something to look good in. In the sun, my hair had lightened; with a tanned complexion, it was very pretty.

And I had a family of which I could be proud: my husband, Dante, a handsome man, who ran the most beautiful hotel in the region very well, Frédéric, a lively, intelligent and well-built boy, and Adrienne, my lovely little girl, very healthy too, and intelligent, but who would be less generous than her brother. And I loved my children equally.

Adrienne was still very small in Santa Margherita. Pushing the pram and skirting the quays or the gardens, I was hearing "Bella la mamma, bella la bambina". Today, they would rather look at the bambina, and much less at the mamma.

Then we had a visit from Rudi and Erni Koeppen at the Imperial.
He had held the same position as Dante at the Mandarin in Hong Kong: Executive Assistant Manager, and Erni and I were often together. I was teaching at the Alliance Française and had given her some French lessons too. I was thrilled to see them again.

We were all four young, beautiful, with for Dante and Rudi very successful careers in prestigious hotels. Dante ran the Imperial Palace, which was the most beautiful hotel in Liguria and probably one of the most beautiful in the country, and Rudi was to take over as Vice-President of a chain of hotels in the Far East. Were we aware then of the privileges that we lived, Erni and I especially, thanks to the careers of our husbands? But I was no stranger to the success of Dante and sometimes thought of those letters that I had written from his village, and that he had signed - without reading them. Yes, but what would this career have been if Dante had been incompetent?

I only regretted that he was often so hard on me. But what had I to complain about? I lived in a beautiful place, my husband, hardworking, capable, ran a lavish hotel and ran it well, we had two lovely children, boy and girl, beautiful and healthy like us, smart and quick-witted. I knew I was very envied by the female clientele of the Imperial and I was thinking of a cousin who, shortly after my marriage, had said with some contempt "He is a ski instructor". Yes, but not only. What would she say today? She herself had married an honest, nice boy, but whom I personally found rather dull. All in all, I still preferred Dante's aggressiveness. At least there was character. I only regretted that he was often so hard on me. And his way of demanding one thing or another, of hurting me, voluntarily or not, left marks. Oh, still mild. I managed to drive them away, forget them, but there was always something left. "Slander, slander, said Voltaire, something will always remain". Yes, some scars remained, marks not too deep but present which, added to others, would dig a furrow more difficult to fill.

Dante, give me a compliment for once. Tell me something nice.

But what do you want me to tell you? and he was adjusting his knot in front of the mirror. I did not insist.

Santa Margherita, which I had found so sadly calm when we arrived, was acquiring in my eyes a charm which I was happy to discover. I had to give time to time, as François Mitterrand said, and from then on I was walking with pleasure in the picturesque alleys of the city, some of them cobbled, like the one that led to the church square. Sometimes people recognized me, greeted me, the wife of the "Direttore del Imperiale".

But for now, we were expecting the visit of Rudi and Erni Koeppe. And a few days later, returning from one of my walks and pushing the pram where Adrienne was sleeping, I saw Dante at the entrance of the hotel.

They are here, he told me. Arrived safely, luggage upstairs, everything.

And soon I saw them, in the hall.

Rudi! Ernie!

We kissed one another on the cheeks. What a pleasure to see them again.

Erni wore a pale green ensemble, pants and jacket, very pretty, and I was wearing my blue dress, very simple, unattractive. I had better; but, with Dante, I dared not wear those clothes which would have put me on display, and risk his displeasure.

But from then on, I was going to dare. I got changed, and the following days I was also wearing one or the other of these pretty things, mostly from Geneva. At the beach bar, Elio was surprised.

But where are you coming from with all these beautiful clothes?

But I always had them, I laughed.

And my blue dress was relegated to the wardrobe.

We were going out every night. There were enough staff at the hotel to take care of the children; a very nice maid whom I liked very much stayed with them. She loved children and it was mutual.

We went out in two cars: Erni and Dante in ours (a Chrysler), Rudi and I in theirs, of which brand I no longer know, but a beautiful car as well. We were going away from the hotel, into the hills, to a wonderfully rustic restaurant that Dante had discovered.

I'm going with Dante, Erni used to say.

I was always waiting for her to say that. Birds of a feather flock together. They both came from modest backgrounds, hadn't had a high school education, in fact they spoke the same language. And I was delighted to find myself with Rudi. Erni and Dante were flirting breathlessly in our car. Rudi and I were behaving in theirs. It was not the desire that was lacking, however, but I looked so serious that I was discouraging advances. I later regretted it. A few years later, we divorced, the two couples. Dante remarried, Rudi too; Erni, I don't know; as for me, I had a wonderful relationship with Jan for years, even though we weren't married. He was President of the company I worked in.

For now, we were still with our first spouses. Erni was always complaining about something, which tended to amuse me. Rudi told us that at the Imperiale the midday and evening meals were very good, but not the breakfasts. And I thought: "How naive men are". At noon and in the evening, the four of us ate together so in front of us, Erni could not complain. But for the breakfasts, they were alone in the room and there, she could express all the complaints she wanted. I could have insisted, asked what was wrong, if the bread or the butter was not fresh, or the coffee too strong or too weak. But I wasn't going to embarrass them; I knew the complaints were not justified. I reckon that Erni thought that, by complaining, she was showing that she was used to better. But it was exactly the opposite. In privileged circles one learns precisely not to complain. Unless justified, of course. This happened to me once in a restaurant in Geneva where we were eating, my two brothers, one of my sisters-in-law, Silvia, and me. I had been served meat that was nothing but sinews. A dish of rubber bands. I had valiantly tackled the thing, but it was inedible. Silvia had also received something very bad. She looked at me:

You too, Marianne?

We laughed about it, but also decided not to set foot in this restaurant again.

But it was exceptional, and at the Imperial Palace where the dishes were prepared by competent cooks, where the foodstuffs were fresh and of good quality, where we had to satisfy a wealthy clientele who paid very high prices, it was fine dining and the dishes were very good. French cuisine is much praised, but Italian cuisine falls nothing short of it, I reckon, and Italians also know how to eat.

Chapter 10

We had been at the Imperiale for three years now and although I had gotten used to the place and found a lot of charm in the small town of Santa Margherita, I also had difficulty understanding my husband's often contradictory demands. He wanted something, then blamed me for doing it. I was confused. It never seemed like I was doing the right thing, what he would have wanted. Then he would take me in his arms: "Someone like you, I can't find her anymore" he used to say. I hadn't grasped the ambiguity of the compliment. If he put me on a pedestal, so much the better.

Rudi and Erni had been gone for a long time and, if during their visit Dante had shown himself to be more considerate towards me, those regards had long since faded and then disappeared. I no longer dared to put on the pretty things I had worn during their stay and I had taken out of the closet the blue dress where I had relegated it. It was insignificant enough to return to service. Sometimes I spoke alone on the beach, a few words.

I soon realized it and kept quiet, but the unease was there, persistent, and it would get worse. And Dante was feeding it. He was blaming me for something he had approved of the day before, refuting what he had asserted, demanding what he had denigrated. And always with the greatest nerve. I was disturbed by these contradictions, found happiness with my children, but even there, Dante made things difficult for me. The slightest requirement was immediately thwarted.

Frédéric, finish the spinach, my darling. You will have ice cream afterwards.

Leave him alone. Always there to annoy him.

And I felt Frédéric torn between a requirement that deep down he felt right, and a more sympathetic tolerance. Torn between his two parents.

Dante, when I demand something from Frédéric - and I really try to do it very nicely - please don't come and say the opposite of what I'm asking.

Leave him alone. He is all right.

Yes, but still. You recognize yourself that I was better prepared for life than you. Let me give this same preparation to our children.

But I knew my words had little effect. I could not in a few sentences change a mentality forged by years of tolerance, years far too permissive. But I also knew that Dante loved me.

We soon learned that a 600-room luxury hotel was being built in Bangkok and Dante was approached to take over the management. It was another big step forward in his career. The conditions were excellent. Dante accepted and signed the contract. So we would leave for Thailand.

I was excited at the prospect of this new beginning, of a new discovery, and also delighted that it was in a warm climate where everything is more pleasant with the longest hours of sunshine, open windows and light clothing

With the children I always spoke French, but in a spontaneous, natural way, and if they wanted I let it go back to English, but generally they answered me in French, and both today express themselves very well in that language. I remember my mother wanting us to speak Russian. She had decreed that on Tuesday, or some other day, Russian would be spoken at the table.

Can I have some bread?

Say it in Russian.

I deprived myself of bread. This academic, artificial way of imposing a language on us has made my brothers and I speak it badly. I know more than them for having followed the courses of the ETI (École de Traducteurs et d'Interprètes, School of Translators and Interpreters) of the University of Geneva, but my knowledge is nevertheless far from perfect. I have a limited vocabulary and I make mistakes. However, Frédéric and Adrienne know French very well, in addition to English, their first language, Italian and Spanish. But Mami, of course, had the best intentions.

For now we were preparing to leave Santa Margherita for Bangkok. The idea of returning to the Far East enchanted me. And this time, we would be four to make the trip: Dante and me, Frédéric and Adrienne.

We stopped in Tehran, and in this hotel room from which I could see the snow-capped mountains of Elbrus through the bay window, I suddenly felt so alone, tossed about in this vast world, without attachments. Italy was far behind, ahead there was nothing yet. The children who were sleeping in an adjoining room were counting on me. Dante very often counted on me, and I was a stranger, in an unknown country, on my way to an unknown country, a straw delivered to the four winds.

The morning partially dissipated this feeling of loneliness. And one cannot be in Tehran without visiting the Blue Mosque. Dante and I went there while Frédéric and Adrienne, still too young to appreciate these cultural beauties, much preferred to stay at the hotel where a nursery with games and even a toboggan allowed much more attractive pastimes.

The Mosque was very beautiful with its vast spaces where the faithful kneel, its high vault, its columns, and everywhere its blue and gold mosaics. It must have been prayer time, or one of the prayer times - the muezzin calling the faithful five times a day - for many were prostrating on these carpets worn down by decades of kneeling. Not being Muslims, we did not stay. But taking advantage of our freedom and knowing the children were perfectly happy in their little world of games and new friends, we went to a souk where we were very quickly invited to enter one or the other of these many open shops which follow one another in a maze of alleys. There, sitting on cushions on the floor, we were offered tea.

Or do you prefer a Coca-Cola?

No, no, a tea is very good.

And the salesman was unfurling for us one or the other of those innumerable carpets whose rolls cover the floor, every corner, and are staged along the walls. He showed us the reverse, a tight weave, so many knots per square centimeter, and I have a feeling of déjà vu. Everywhere in Asia, whether in the Middle East or the Far East, things and customs are alike, in Istanbul as in Tehran or Katmandu.

What do you think? Should we buy one?

But we're going to live in a hotel, Dante. We don't need a carpet.

How I regret it today. They were wonders at ridiculous prices for current values and quite accessible even for our means at the time. A hundred dollars for a three-by-two-meter silk rug, handmade of course. But regrets... This is one of those things that we didn't do and should have done, or that we did and shouldn't have done! I still have some very nice rugs in my interior today, purchased during my subsequent travels. Because I've always loved "weighing anchor" and even now that my early youth is long gone, it wouldn't take much for me to pack my bags.

But Mami, remember, Frédéric told me, when we went from Greenville to Spartanburg, you were so tired.

Admittedly, to go fifty kilometers from here, to see a place similar to mine, without a change of scenery, I am tired before leaving. But tell me about Mongolia, Nepal or Bhutan, and there I feel that lifelong enthusiasm revive, even in the discomfort of the great heat, the chaotic roads, the dust and the hotels with rudimentary comfort, the food, so different too, often so strong that it burns your palate.

But now, we were leaving Tehran, its wide avenues and its winding alleys, its department stores and its shops with overcrowded windows, its markets also whose stalls offer local fruits and vegetables, of all colors and all flavors, it is so beautiful… mosques, and minarets, and the call of the muezzin.

We were leaving this part of the Orient and I was regretting it a little. It seemed that I had seen so little of it. But all the same, I had breathed in the perfume of the spices which jute bags adorn the access to the stalls, these sweetish but not unpleasant scents; I had seen the wide avenues and the crowded alleys, the Iranian women often very beautiful, wrapped in their sari, this flattering outfit that I happened to wear; the architecture of the houses did not stick to me - except for some corbelled facades - and that's a shame, but I did see the very beautiful mosque in Tehran, all blue and gold, with its mosaics that capture the light, and inside - which I only saw from afar; women, deemed impure, are not allowed to enter - the prayer rugs on which the faithful bow.

We flew directly from Iran to Thailand and I regret flying over such interesting countries as Afghanistan, Pakistan, Turkmenistan or Burma. In India, I had stopped in New Delhi, and in the very south, in Colombo in the island of Ceylon, during previous trips, but have never seen the center and the south of India, nor Rangoon, in Burma. And if Frédéric, my son, was suddenly saying to me today "Mom, pack your bags, we're leaving tomorrow for Hyderabad", I wouldn't hesitate for long. Now, in recounting these trips, I relive them a little, minus the sounds, the accents of the language, the heat and the dust.

Bangkok. Krung Thep. The city of today has lost part of its charm. A few decades ago, it was crisscrossed by canals, these "klongs" which brought charm and freshness. Today, they have been paved to allow traffic, the impossible traffic of Bangkok. Intersection lights were remaining red for too long, queues were forming and when the light finally turned green, we were moving at a snail's pace (at least, that was the case then, in the 1970s). Since it was hot and most cars didn't have air conditioning, we were boiling inside. With Pradit, our driver, it was easily taking us forty-five minutes to go from Tonburi to Banglak, two districts of the city not very far from each other. Two-wheelers were luckier and, like samlors, were weaving between cars and moving better. This ias part of the charm of the Orient. Yet between the noise, the heat, the dust and these cars that did not move, I was having trouble finding the charm.

But that was the street. In our living environment, it was better. As the Indra, this huge hotel that Dante would manage, was not yet finished, we settled in an apartment. Sukon Court.

The building was pretty, forming an arc with a swimming pool in the center, it also had the advantage of being close to the school where I had enrolled the children. I had first thought of the English or American school, but the classes were full and no more students were accepted. So I had recourse to the Little French School. As we had always spoken French together, Frédéric and Adrienne both expressing themselves well in this language, I hoped that they would not have too much difficulty adjusting, even if the spelling and the reading would probably pose some problems at first. In addition, as they had known many different mentalities, languages and ways of life from an early age, I thought that this would also contribute to an easy integration into this new environment.

But Frédéric had bad grades at school and I couldn't explain it to myself. He, so lively, so intelligent, often making remarks that surprised me, above his age, seemed there not to be able to follow, was distracted, playing with his pencil, listening with one ear, and half-answering questions that were put to him. The teacher was planning to make him redo the school year. I was hoping it wouldn't be necessary. But what I didn't understand then, and the teacher even less, was that Frédéric was bored in these classes. There was no challenge. However, far from making him redo a class in which he was already bored, he should have been placed a class above!

In fact when he later entered university, he told me that he was surprised to follow the courses with ease. Alas, then, his father withdrew him. Dante, who didn't go to high school, didn't want his son to go there either and who knows, maybe get higher than him in life. When I learned of this withdrawal, I was absolutely heartbroken, but by then Dante and I were separated, only learning about it after the fact and no longer having any influence to prevent it. Today, Frédéric earns a good living, but with a job that is not the most prestigious. He could have reached the highest office! It saddens me to think about it.

But for now we were in Bangkok and Dante would soon take over the management of the "Indra", six hundred rooms, a very beautiful hotel which, with the Dusit Tani - also a large and beautiful establishment - was one of the most beautiful in the city, hence the country. While waiting for the completion of the work, we settled in one of the apartments of the Sukon Court. Life there was pleasant, and installed by the pool, most often with a book, I soon met other tenants of the building, including Marlise von Muralt. She was nice, but when she introduced herself, she insisted a lot on the particle, which made me think that if her husband had been called Dupont, Durand or Bovet, she might not have had the same interest in him. And besides, the first name, Marlise, did not seem to me to reveal the highest aristocracy. On the other hand, I had more pleasure in the company of Laurette Bonard. Mama reproached me for this in her letters, insisting that Madame von Muralt was a <u>lady</u>, the word was underlined. Maybe so, but Laurette was wonderfully natural. There was not an atom of artifice in her. She was so frank, so real. Our breakfasts at Dusit Tani, as we had the occasion to take them later, were moments of real pleasure. This does not mean that Marlise von Muralt was artificial or unpleasant. Not at all. We were on good terms, I enjoyed greeting her and chatting with her for a while. But I was closer to Laurette.

At the Sukon Court swimming pool, I was talking with the other tenants in the building.

I really like being here, but we won't be staying very long.

Why not? asked a young lady who, like me, a bathrobe over her bathing suit, was sitting by the pool, her feet in the water.

My husband will lead the "Indra" and we will live in the hotel.

Your husband will be director of Indra? This huge hotel?

Yes. General manager.

She looked at me differently. I was the same though as two minutes before. Not quite. From a simple tenant, I had become the wife of an important man. If she had known how much Dante forced me to modesty, even humility. I would often have liked to be a little more confident, not haughty, but less modest, with an attitude that fitted better with my husband's position. And I was trying, raising my head. Oh, it didn't last.

Hopeless dope! I am going to teach you. Idiot who farts higher than her ass!

I was hurt as much by the vulgarity of his words as by his attitude. He, however, had nothing against his title and the prestige attached to it.

Chapter 11

The Indra opened its doors. The hotel was inaugurated by the presence of Queen Sirikit whom Dante welcomed in front of the steps. She got out of a long limousine, lovely in a beige dress, lace on silk, shoes and bag matching the colors of the dress. A swarm of photographers and reporters hurried along in hopes of a good picture, even a few words, and I imagined Dante both flattered and somewhat intimidated, but it didn't show. Very elegant as well, he projected an image of confidence without presumption. I was proud of my husband, the goatherd in clogs from Gressoney. How far he had come and would he have thought that one day, in the Far East, he would receive the Queen of Thailand on the steps of a large prestigious hotel that he was going to manage, Mister General Manager? Certainly I had contributed, pushed to the wheel, but where would he be if he had not been competent, able to manage a "Indra Hotel"? What a contrast between the aggressive Dante that I happened to know, and this elegant, deferential man who, on the steps of his grand hotel, bowed to receive the Queen of Thailand.

Thailand is hot all year round. There is a brief cool period in January, when one tolerates a jacket on the shoulders, but very quickly the heat returns. So I was dreaming of a winter, a real blue and white winter, forgetting the freezing fingertips and tips of the feet, the cold that seemed there so tempting. However, I liked the warmth that makes life easier: light clothes, no heating, open windows and living outdoors most of the time. The cuisine was also simpler. No complicated dishes, sauces that simmer for hours, but fruit, quickly cooked vegetables and a slice of meat quickly pan-fried.

But winter can arouse more elegance with coats, boots, hats and furs, despite the opposition of the SPA, the Society for the Protection of Animals. But shouldn't we also do away with leather bags and shoes? I like warm climates and I really liked Thailand. The Thai writing is pretty with its loops, its sticks and, in places, its joyful commas dancing above and below. I don't know how to read it, but I find it very decorative, modulated like the sounds of the tongue which go up a tone, a semitone, linger on a vowel and stop halfway up at the end of a sentence, so that you never really know if it's a question or a statement.

I wanted to learn the language, and I know a few words, a few sentences, enough to tell the taxi the route to follow to go from the Banglak market to Sukon Court, and these sentences stuck with me. "Orentcho guero kapsida, ouentcho guero kapsida." Go right, go left. And, very useful: Ouri tchip yogui issoyo. Djanknman kitar issoyo." My house is here. Wait a moment. Time to call Miss Tcho or Miss Moon for help. Indeed, my accent being right, my intonation correct, the other imagined that I spoke fluently the language and there followed a long sentence that I didn't understand!

The Banglak market was a large covered hall where you could find all the fruits and vegetables you could dream of. Bunches of bananas hung from a thread like drying laundry, and the saleswoman, seated on an upturned crate, was offering them, like the meat from which, with the blow of a machete, she was cutting a piece off, and presto, wrapping it up for me in a banana leaf. The basket was soon heavy, so on the way back, I was taking a samlor.

In Bangkok, the streets have no name and the houses no number and I wondered how a postman could navigate there to deliver the mail. Our mail, letters or packages, arrived at Indra and Dante delivered it to me.

However, shortly before the end of year celebrations, a package arrived at the hotel for us, gifts for Frédéric, Adrienne, Dante and myself, sent from Geneva by Silvia, my sister-in-law, who had given herself the trouble of choosing what could please all four of us, packing it all and entrusting it to the post office. The package had arrived. But Dante had found nothing better to do - unbeknownst to me, of course - than to return it to the sender! Meanwhile Silvia was surprised not to receive a word from me, even an acknowledgment of receipt. If I had received the thing, I would have immediately written, of course. When she received the package back and I learned what Dante had done, I was outraged. How could he have acted like this? And how could I excuse this gesture from my husband? Wasn't it enough for him to deceive me, to humiliate me? Did he still have to hurt my family? I immediately wrote a letter to Silvia seeking to excuse my husband's gesture. Dante hadn't realized, hadn't known what it was, believed in an error by the post office and begged Silvia to excuse him. A flimsy apology, but what could I do? I blamed Dante. Why act in such a hurtful way? Now, as always when he felt he was wrong, he turned the matter against me, placing blames by the thousands on me; then, for good measure, he went away, and I knew that I would not see him again until early morning. I was left alone with this feeling of injustice, of frustration, while he indulged in joyful antics with some Dulcinea. For now, his nocturnal outings were still discreet, but I was going to know better. And when, at such a reception, a low-class girl, invited by God knows who, was rubbing against him, clinging to his shoulder, laughing with her mouth open, he, flattered to see himself praised by such a vulgar girl and to inflict this show on me, far from discouraging these advances, was arousing them, happy to humiliate me, as if in revenge for a superiority which he vaguely felt. Dante is smarter than me, more quick-witted, but less prepared for life, with a limited education, less basics, an improperly squared stone of value. I remember a case where, without any negative intention, I had asked Dante a question to which he had no answer. I felt him about to lose his temper as if I had deliberately tried to hurt him. But a young man who was nearby and had heard the question calmly gave me the answer. Dante was surprised, realizing then that there was no cause for offense. And how many times had I told him "You see evil where there is none"! As so often, I chased these negative thoughts from my mind, unable however to erase them completely, with always this background of sadness.

However, so privileged, wife of a handsome man, General Manager of one of the most beautiful hotels in the country, with two children, intelligent, beautiful and healthy too: Frédéric, the eldest, good and generous, and Adrienne, lovely, a little less generous than her brother, but so cute, who immediately aroused sympathy. Madame David was so lucky and had so many reasons to be grateful to Destiny and to cease this moaning!

We had settled into the hotel, had a suite, three bedrooms, one for each child and ours, and a living room. We ate our meals in one or the other of the hotel restaurants. I was a little concerned about the kind of education it gave our children.

I don't want green beans, said Adrienne. I will order something else.

Of course, if she didn't like beans, she could order something else. If Frédéric, in a fit of mood, threw his towel on the floor, there was immediately a sommelier to pick it up for him. I was afraid that would make them presumptuous, haughty. Luckily, that's not the case, and both still have due respect for everyone.

I enjoyed life in Bangkok. It must be said that it was flowing for us in very privileged conditions, superior I think to what they were for many Thais. Yet this happiness was not unmixed. Thai women are pretty, for many of them anyway, and Dante was quick to notice and forget that he was a married man and a father. From time to time, I would go to the hotel's hair salon, look in the mirror at the young Thai who was doing my hair and think, "She's happier than me." Oh, Dante, who was it? The one who smiled so kindly at the entrance to the restaurant? The one who followed me with her eyes when I passed between the tables? The one who pulled the chair for me to sit in? The choice was endless. I tried to forget these sorrows, couldn't really manage it. Over time, the weight became so heavy that I couldn't manage it at all. "She is so lucky, Madame David." Certainly, seemingly so happy, so privileged. Actually deceived, humiliated. And I was living in this duality of a reality to be concealed and a fake appearance. At the little restaurant where I was coming in the morning to have a coffee, I was always received with the same kindness, the wife of the Managing Director, highlighted by the position of my husband, under the constant pressure of looks. I learned later that I was causing comments. Too often alone, with no outlet for these obsessive thoughts, I was talking to myself, loudly, with gestures, then I realized it, kept silent, embarrassed, but little by little the monologue resumed. In fact, at times, I lost my mind. I had to get out of this mess, see the good side of things, and in fact, Bangkok had a lot of charm if you took the trouble to discover it. And I set out to explore.

At the time, a few decades ago, most travel and transport was done by water, along these "klongs", these canals that crisscrossed the city. They brought to Bangkok, in addition to the charm of these aquatic transports, the freshness of the canals; and the exchanges, the sales of fruits and vegetables were made not only from one boat to another, but from the boats to the wooden houses on stilts which lined the shore intermittently. The boats were light crafts loaded with fruit and vegetables, a hill of melons, cucumbers, cabbage, and driven by boat women who knew the river like the palm of their hand. The conical straw hats cast their shadow on faces with slanted eyes, on the bright smiles that contrasted with the coppery complexion and on that confidence that came with being used to and knowing the river. And from one boat to another, we talked to each other. Not really, because the Thai language is not spoken, it is sung.

Sip haa baht, May peng (15 baht, cheap).

I was listening to its accents, regretting not to understand more than the few sentences that made it possible to answer easy questions. Was I going to learn Thai? Another one of those oriental languages that I will never know. When we arrived in Hong Kong, I had thought about learning Cantonese, only to soon discover that everyone spoke English, even if it was "Pidgeon English". And then it's very difficult to learn a language that you can't read. Thai is slower than Cantonese or European languages. The vowels stretch as if they, too, experience a slower rhythm in the heat. I like these accents. We heard them in the street, of course, in the shops, randomly everywhere in the city, along the "klongs", on the boats where tourists flocked, binoculars slung over their shoulders, to visit a temple, to see the Floating Market. How picturesque this market was, with all these boats laden with produce from the surrounding countryside, rich in colors and exotic scents, where fruits and vegetables are sold to the Thais in the riverside houses on stilts as well as to other boatmen.

However, victim of its own success and of the cohorts of tourist boats that cluttered the river and hindered trade, this floating market has moved, and you now have to go well outside the city to still see the boats loaded with papayas and dourianes offering these products of the countryside to the local residents. Half-naked toddlers, happy, black with dirt and sunshine, trotted around.

We were now moving away and, from the boats to the shore, were exchanging smiles, a few gestures - wave of the hand - and "hellos" drowning in the hum of the engine. The boat was following the meanders of the river in a flat countryside; trees hung broad leaves over green and brown waters; sometimes their branches met, creating a dome, and through them, the sun filtered and drew a mosaic of light on the water. Tributaries, confluences were multiplying and I imagined that it was easy to get lost in this network with multiple branches, between all the same banks where the same trees created the same vaults and formed the same lace friezes on the water in a game of shadows pierced by the sun. The boat was slipping in silence, only disturbed by the regular purring of the engine. The air, cooler on the water, was caressing my face and brought, from time to time, the smell of cut grass, sometimes of smoke: a peasant was burning a heap of dry leaves. I was yelling at him, "Sawadii-ka!" He was replying: "Sawadii-krap". Good morning. "Ka" when a lady speaks, "krap" say the gentlemen.

Thais are 95% Buddhist and the rest are split between Christianity, Judaism, Brahmanism and some very minority ideologies. Thus, for some 2,500 years, Sakyamuni or Buddha has been venerated in the Far East, following the precepts of Gautama, the founder of Buddhism. This veneration is manifested in the temples, the "wats": Wat Arun, Wat Prakeo, Wat Traimit (Temple of the Golden Buddha), Wat Pho (Temple of the Reclining Buddha), Wat Saket, whose sometimes astonishing architecture is reflected in the waters of Menam. Wat Arun raises its roof in a high pyramid whose green and gold tiles capture the light and shine like so many facets. The roofs, sometimes at raised angles, cast their shadow on white walls pierced with high windows and on the heavy entrance door enriched with carved wood.

Monks were passing in front of the temples: orange robes, shaved heads and big sandals crunching on the gravel of the paths. Some were seated, their metal bowl in front of them and passers-by placed an offering: a handful of rice, a fruit, a few flowers. Many of them were young and with my western mind, I was shocked to see these teenagers sitting there waiting for their bowl to fill with these gifts. Couldn't they work? Fortunately, I thought, there were peasants who sowed, dug, plowed, and with their harvests provided more concrete goods than meditation and prayer.

But I'm leaving the spiritual realm - and far be it from me that it is reprehensible, by no means - and touching on a more concrete and somewhat disturbing subject. Dante had in fact just learned that the Indra he was managing was put up for sale and that the new owners would put their own staff there and first and foremost, of course, their own management. Thus Dante's position was threatened, in fact, more or less short-lived: a few months.

I was not overly concerned, sure that an opportunity would present itself soon, following up with the letters and the resumes that I had sent, showing the solid experience of my husband. And in the various positions he had occupied he had made an excellent impression, had always left on very good terms and if references were solicited, they could only be positive.

Indeed, we soon received an answer: the Chosun Hotel, in Seoul, South Korea, had taken the resume into consideration and offered the management of this hotel to Dante. Five hundred rooms, of luxury category, the only hotel of international class of the city then, and consequently, of the country. I was excited, a little worried too. Korea was in the north; it would be cold there. We were so used to the heat. But anyway, it's South Korea, I thought. It won't be Siberian cold. Did I know then that I was going to love this country so much? We would stay there for eight years. Eight beautiful years in the Land of the Morning Calm.

Franco and Egle Cabella, longtime friends of Dante, had come to Bangkok at the instigation of my husband. In the same boat as we were, they were looking for a new situation as well. But Dante and I were generally popular, and they were much less so. He was quite well-liked, but she was very quickly boring. "Franco m'ha detto... e io sono contenta..." Whether Franco said this or that to her, and that she was happy about it, fine, but it was said in such a childlike tone that for me, half an hour with her made me want more adult contacts. We were always conversing in Italian. She spoke French well, however very little English.

She and Franco were very happy together and probably still are even though Dante and I have been separated for a long time. Egle was terribly worried about their future and when she learned that Dante had been contacted for the management of a hotel in Korea, she sighed while looking at the ceiling: "Ah, se fossa noi!" (If it was us!) she lamented. But finally an offer would reach them too. And what had she done for that, besides sitting in her armchair hoping and lamenting while looking at the ceiling, while Franco, in addition to his work, wrote and sent letters and resumes? Certainly, she spoke little English, but she could still have contacted embassies, consulates to obtain hotel addresses in various Asian countries, in short, do what I had done for Dante and myself and our children. And I was also writing the letters.

Finally one fine day - I was with her in her living room - she told me excitedly that Franco had received an offer for Hong Kong. I was a little surprised that she had told me, but anyway, as the thing seemed certain, definitive, it could be normal for her to tell me about it. But sometime later, I found myself with acquaintances who were talking about someone who would soon be leaving for Singapore or Kuala Lumpur, and I, like an idiot, said that "ah yes, the Cabellas have an offer for Hong Kong," realizing as I said it that I had missed a good opportunity to shut up. But the thing was said and fell into the ear of a guy who couldn't stand them and was going to do everything to derail the project. And alas, successfully. I still feel guilty about it today. How bad people can be! Why destroy an opportunity for people who had done no harm and did no wrong? Of course, I should have shut up, I was at fault. But the other was hateful. Anyway, from then on, the Cabellas no longer spoke to me. Oh, what a misery! One is master of the things he has not said, but slave of those he has stated. I would do well to remember that more often. Did Franco and Egle leave for Hong Kong in the end? Or elsewhere? I don't know. We have lost contact with them.

As for us, we were going to leave for Seoul and I wondered a little what life would be like in Korea? And what schools for children? There was no French school in Seoul. Of course, there was the possibility of correspondence courses, but I was not tempted by this option. First, I knew I was not disciplined enough to get up early every morning and homeschool. And then I thought it deprived children of companionship and contact with other children or other young people close to their age. I would see when I got there.

It ended up being the American school, Seoul Foreign School, an excellent school of which both Frédéric and Adrienne have very good memories. American schools are either very good or downright bad. S.F.S. was among the best, but I didn't know that yet.

Chapter 12

"Dante, do you remember our arrival in the Land of the Morning Calm?"

It was a clear day, still cold late winter, with a pale blue sky, so different from Thailand. From the car, along this new route that we traveled so many times since then, between gray-brown fields dotted with rivulets, I saw from time to time the Korean costume, this picturesque outfit - a short jacket over baggy trousers and for women, the very short little bolero from which the folds of a voluminous bell skirt start - which today is only worn at festivals or folkloric events. But we were at the beginning of the 1970s and in the countryside this costume was still frequently worn. Surprisingly in fact: it seemed very impractical to me.

I quickly got used to life in Korea. It wasn't difficult. We had a very nice villa and four people working for us: Miss Moon, the cook, Miss Yun, the maid, Mr. Ha, the driver, and Mr. Han, the watchman, who came in the evening around ten o'clock and was watching over the house at night, making rounds from time to time in the garden and around the house. Mr. Ha, our driver, was a worthy man. Very friendly too, always neat and punctual. But if his position at the beginning of our stay was still relatively flattering - working for a Westerner was still seen as a privileged position - later, with the development of Korea which easily reached the level of advanced countries, the position - of being a driver and driving a European's car - no longer had anything prestigious about it. He suffered from it. "Will your children pursue higher education?" I asked him one day. "Of course, he replied. University." And I thought our driver had more ambition for his children than my husband!

I was watching the traffic in Seoul, or Kyong Song. It's always at the beginning of a stay that everything strikes you, everything is new. Then you get used to it and don't notice anything anymore.

Set in motion by the green light, the wave of cars unfurled, lengthened, made more fluid by the distance, and in the constant flow of cars, a rag picker's cart, dragged slowly by pedal strokes, a delivery tricycle, an assemblage with a disturbing balance on its back, made their way laboriously. There was also the collector of old papers who, with the constant rattling of his large scissors which cut nothing, called up the newspapers of the day before, the crumpled wrappings, the torn boxes. There was, sadder, the one sitting by his begging bowl, his head three times too big, waiting for the alms of a few won and smiling perpetually at his own world.

But most of the time I was writing articles on Korea, on Panmunjom, this border which separates South Korea from North. We have been there once or twice. Panmunjom is a buffer zone, neutral, whose neutrality is ensured on the south side by Switzerland and Sweden, and on the north side by Czechoslovakia and Poland. To access it we needed a special permit which was issued to us by General van Muyden, head of the Swiss representation and the only one to bear this title in peacetime. The closer you got to the border, the scarcer the traffic became, then non-existent, apart from a few jeeps stuffed with soldiers. Dante was driving.

At the border, our permits were checked. No weapons? No, we had no weapons, as noted after checking. The "customs officer" had a flashlight, made us get out and searched the car with his beam. Above our heads, flocks of birds that no one ever come to chase away, hid the sun intermittently. We were in the DMZ, the Demilitarized Zone, a kind of *no man's land* between the south and the north of the country. Received by the General, we entered a room with, in the center, a long table on which is placed a flag which delimits the side reserved for the representatives of South Korea and the side for the delegation of the North. There the delegations of the two Korea met frequently for talks on the reunification of the country, discussions which never succeed, but lead to resolution number one thousand and some and fix the date of a next meeting. In the center of the table was placed a pennant which symbolically indicates the separation of South and North. I hastened to go around the table: I was in North Korea!

Coming out of this small building located on a mound which dominated the surrounding landscape, you could see from afar a border, more real: a gatehouse, South Korean at one end, North Korean at the other; it is the "Bridge of No Return." Crossing it South to North was relatively easy, but who wants to go from South Korea to the totalitarian regime of the North? On the other hand, going from North to South - which some reckless people frequently tried - was much more difficult. Those who risked it put not only their own lives in danger, but those of their families who had remained in the North and were therefore subject to reprisals. However, in addition to these clandestine crossings, there were often border skirmishes for which South Korea invariably blamed the North, while the North probably published the same complaints about the South. Under these conditions and with the difference in ideologies, I had trouble seeing how reunification could be achieved and even today, reunifying the country - whatever the discussions at Panmunjom may be - seems to me quite Utopian. But finally, nothing is impossible and who would have thought, a few years ago, of the fall of the Berlin Wall and the reunification of Germany?

Dante, meanwhile, ran the Chosun, a large and beautiful hotel, but which today, with the giants that have been built around it, seems very small. Yet at the time we were there, located on a light mound, it reigned alone, without serious competition, and was always full.

At the parties which we were frequently invited to, and that I enjoyed very much, we were meeting other hoteliers and the conversation often focused on the clientele and the occupancy rate.

What's your occupancy rate? Dante was often asked.

10%, he used to reply, laughing.

It wasn't so wrong. To avoid the risk of "no shows," those people who book and do not show up, it often happened that the reception manager booked the same room twice for the same dates. "In the hotel industry, we sell time," Dante told me, and I was amused by the expression. With these "over bookings" in general everything went well, but it still happened that all the people showed up, in which case there was a problem. Therefore, the slightest pretext was good to justify the lack of rooms.

We were expecting you at five o'clock, sir. It's almost six o'clock. (It was twenty past five). You will understand that at this time of year...

And we found rooms in other hotels for a clientele that was nevertheless dissatisfied. Obviously, when you had booked at the Chosun, you didn't really want to go to the Hotel de la Poste.

As soon as a room becomes available, it will be for you. You are at the top of the list.

But we are staying for three days.

And I was saying to myself that for three days, they could tolerate a hotel of lower category, and also of lower cost, although for these people the price was not a priority. The clientele most often consisted of businessmen who took advantage of a booming Korea whose products, in the 1970s, were acquiring a better quality by the month, soon to be completely comparable to American or European products.

As for me, I was discovering the city.

Seoul had had eight gates, linked together by a wall that surrounded the city, protecting it from foreign incursions. Of the eight gates - which had suggested to the Chosun the name of the main restaurant, "The Nineth Gate" - only three remain today, located therefore inside a city which has grown considerably; and become prisoners of what they defended! They are monumental, and South Gate in particular is still impressive today. It is a huge stone base - pierced by an arch under which pass cars and trucks, a good part of the traffic of the city - surmounted by a roof with raised angles, classic in the East.

Korea was a major textile producer and all you had to do was go to So Dae Mun, or Nam Dae Mun, to realize that.

To So Dae Mun, Mr. Ha, please. No need to wait for me, I'll come back on my own.

And I was losing myself with enchantment in the maze of this huge hall where, from one stall to another, were stockpiled rolls of all the brocades, linens, cottons, silks and woolens that one can dream of. There, you had to go with already a very precise idea in mind because you were sure to find it. Going there saying, "I'll see," you were stunned by the quantity of fabrics, heavy or light, matte or shimmering, by the quantity of colors, designs, patterns, and you ended up buying whatever. That's what I did at first. I had since learned. Not that I was buying myself fabrics every day, but for one or the other of those parties to which we were frequently invited, I had only to imagine what would be appropriate for the occasion, for the season, and I always found it. "She's bringing her dresses from Paris," I heard once or twice. If you only knew, my dear! At the bottom of our street there was a little tailor who, in a shop three meters by two on a cement floor with a long frameless mirror in one corner, perfectly made in three or four days a very beautiful long dress for a ridiculous price. And with what I earned from the newspaper and the radio, I never had to ask Dante for anything. It must be said, however, that the rent, the staff, the imports, the food, even the schooling of the children, everything was paid for by the hotel. Our income was pocket money. Obviously on our income there was no pension or retirement fund of any kind. If we wanted to think about later, it was up to us. But who, at twenty or thirty, cares so much about what he will do at fifty or sixty? However, if I have a comfortable retirement today, it is thanks to the work I did later in Geneva and to the Swiss provident fund! In Korea, the elderly most often lived with their families. The grandparents took care of their grandchildren while the children - adults - worked; and it was common to see several generations living under the same roof - also for economic reasons, I suppose; but the emotional ties were closer than in Europe or the United States, for example.

At Seoul Foreign School, Frédéric and Adrienne made friends and Frédéric was once very close with Yuha, a boy of Finnish origin I believe. Adrienne had for friend Patricia, an adopted little girl, very friendly. Not long ago, Frédéric told me that Yuha was coming to the United States. My son was delighted and on the appointed day, went to the airport to wait for

Yuha... and came back alone. I was surprised.

Yuha didn't come?

I don't know. You know, Mom, I don't think we recognized each other.

Yes, the years have passed and both have changed, of course. What a pity.

As for me, I was organizing events at the hotel – a fashion show in the "ballroom" of the Chosun, an exhibition of children's drawings - I was going to schools to collect drawings that I was selling to customers for the benefit of "Star of the Sea Children's Home", this orphanage where I went from time to time.

It was snowing.

What do you think, Mr. Ha? We can go?

The roads are wet, but not icy. It should be fine.

We left, Ha driving in the front, me behind looking at Seoul and then the fields already whitewashed. Next to me, a cake, taken at the hotel on the way, and in my bag, an envelope with 5 or 600 won, not much, the profit of some sale. I would do better next time. And in the trunk, a box with some toys that were given to me: dolls with slightly faded dresses and hairstyles that had lost their luster, generals whose stripes had remained on some battlefield, a little train with the tired locomotive still pulling a few wagons, all things that had seen better days, but in the end, boredom for some, happiness for others. How was Sister Bernadette? She had had surgery, a rather serious illness, I believe, but she had recovered. She would have liked to go back to Canada - if only for a stay - but it was not easy, she didn't really know who would take care of the children, all these little underprivileged people spread over several houses, as she, with a few helpers, did for the last 35 years. Canada after 35 years would be the least of it!

Incheon, 10 km. We were speeding. There was not much traffic in this weather, but it was no longer snowing. The sky was uniformly gray and the sun was not about to break through. The countryside wasn't the prettiest in this season, more gray than green, and no one was working there, but the road was dry, straight, all for us. From time to time we came across a truck that probably supplied the city.

Incheon, 5 km. A few more cars in the outskirts of the town, but not very heavy traffic all the same. The fields gave way to houses, a few suburban buildings, these not very nice constructions, factories, rental buildings without much charm and a few squares of greenery in between.

Incheon. Usually, we were going straight, the street a little uphill to the orphanage, but today, there was a chain across, who knows why. We had to go around.

-Do you know why there is this barrier, Mr. Ha?

My question was stupid. He couldn't know more than me.

Maybe there is road work.

We arrived from the top and went down to the entrance: two posts supported a crossbar on which the words were quite nicely written: "Star of the Sea, Children's Home". We passed and climbed the gravel driveway to the upper house. On either side were the little houses of the children, who were not very numerous now: they were all at school. I had come on a Sunday, quickly surrounded by these kids with their fascinated faces. So I had ruffled one, put myself at his height: "Tell me, have you lost a tooth? Show me." And he had laughed, showing those he still had. There were the little girls who held my hand, my skirt, apparently happy with this visit. I knew that behind each of these children there was a drama. Alcoholic father, prostitute mother, often beatings, children arriving injured. Myong Su had suffered a broken hip and was still walking on crutches.

It was gray at the end of winter, but there was a promise of spring. Mr. Ha lead me directly to the upper house and I entered the reception "living room": a square room with a stove in the center, a table and a few chairs. Sister Bernadette is eating, I was told.

Above all, don't disturb her. I can wait.

But here she was, in her long gray dress. She was a little paler, but smiled. I got up as she got in, was happy to kiss her.

Sister Bernadette. They wouldn't let you finish your meal.

Yes, yes, I was done.

I kicked the big box with the toys that Mr. Ha had just brought in and took out of my bag the envelope with the product of a last event at the hotel.

That is very useful to us, she said.

How many children do you have now?

Three hundred, at the last count, she laughed.

Three hundred? But you never had so many!

It's because the nursery in Incheon has closed and all the babies were brought to us here. We're a little tight, but that's okay. Costs are more serious. Babies are babies after all. We need houses heated and windows that close. And adequate nutrition.

Outside passed a young girl of fifteen or sixteen with a toddler in her arms.

You see, it happens every day.

I knew that those who took care of these children were single mothers or women who had been divorced by their husbands because they only had daughters.

Sister Bernadette fished out a general with slightly tarnished decorations from the box of toys.

That one, I will give it to Mok Il because he has been suffering.

I was thinking of Doris Schmutz, from Geneva.

Sister Bernadette, I have a friend from Switzerland who would like to sponsor a child.

It's good. It could be for Mok Il precisely. It will be necessary to show him views of Switzerland; and he will have an "oni", big sister.

An oni?

Yes, we avoid saying a mother, because then the child thinks of adoption. Oh, that's very good.

And Mok Il has suffered, you say?

Yes. He had a little sister, a love of a child, I must be say. Mok Il loved her very much, protected her. But the little sister was adopted and Mok Il was left alone. He was very unhappy.

It's sad.

I know. In general, I avoid these adoptions which separate siblings, but it also deprives a child of a home, perhaps even of a future.

My friend will definitely be willing to sponsor Mok Il.

And I hoped I didn't get too involved in saying that.

It was time to go. Mr. Ha held the door of the Mercedes open for me and I was a little embarrassed about my privileges in such a modest environment.

I didn't bring much today. Next time I hope to bring a little more.

If everyone gave that, huh?

She was standing there, in her usual gray dress, having provided for so many years these poor children with a roof and an ersatz home. And who knows? Perhaps one day some of them, among the brightest, the most intelligent, would occupy a privileged position in the democratic society of South Korea and they would remember, with gratitude, those years spent in "Star of the Sea Children's Home".

Chapter 13

Ha was driving fast. There was little traffic. I really liked Mr. Ha, always neat, always on time. Intelligent and always in a pleasant mood. He had become attached to the kids and I think appreciated what I was trying to do. He had smiled earlier at Sister Bernadette, had exchanged a few words of Korean with her, a language that I could really bother to learn. I made excuses for myself: everyone speaks English, it's hard to learn a language you can't read, we probably won't stay in Korea very long... And if I had had to learn the languages of each of the country where we had lived! (I'm fluent in about six, which isn't so bad!)

The return seemed shorter to me than the outward journey. Adrienne, my little girl, was very happy to see Mami arrive, with Mr. Ha. She still had a piece of toast in her hand, given to her by Miss Cho. Usually Mr Ha picked her up from school, as well as Frédéric, but today was a public holiday, some kind of party.

Mami, do you have a party tonight?

This was the ritual question.

There were, of course, cinemas and theaters in Seoul, but films and plays were spoken in Korean. Sometimes the movies were subtitled, but it was annoying to always have to read the subtitles and lose some of the picture. In the room, there were spittoons and intermittently we were hearing not very pleasant throat clearing. Also, the wooden seats were not the most comfortable and the scenarios were often a little naive - at least they were in the 1970s - where the beautiful captive was freed by the hero, young and intrepid, who ended up marrying her. These were the productions of Bollywood, Korean Hollywood, which knew a great success, and still do, I imagine. And the scenarios have certainly evolved.

However, rather than the cinemas, it was the invitations - these "parties" - to one or the other's place that brought together the Western population. I really enjoyed these parties, always cheerful, friendly, where we most often met interesting, intelligent people, a few members of ministries or embassies, and this generally in beautiful settings, villas or gardens. I was very fond of the French Ambassador, for example, and told him about my work on the radio.

Ah, that's interesting, he said. And what time does your show air?

At three o'clock in the morning, intervened Paul Benz, a Swiss industrialist for whom I also had a great deal of sympathy. When everyone is sleeping!

We laughed about it, of course, including me. Later I saw them again, Paul and his wife Ute, in their very beautiful villa in Switzerland, around St Gallen. She complained a little much about her husband. "He doesn't do anything," she said. But what was she hoping for? For him to do the vacuuming or the laundry? Didn't she realize that if she was living in this beautiful setting, it was thanks to him and the work he had done for years? I could have told her, but invited, as a guest in their home, it seemed inappropriate to make such a remark.

For now, Dante and I knew a very social life in Seoul and almost every evening there was a reception somewhere. At our place too and in this I was very privileged. All I had to do was go to the Chosun and talk to Mr. Agassiz, the Chief.

We will have about fifteen people with us tomorrow evening. You prepare something good, as usual.

I also informed the "Food & Beverage Manager" and my contribution ended there.

So at the end of the afternoon, I would see the hotel van arrive and a whole world – sommeliers, cooks, florists – would take possession of my ground floor. Soon the long table in the dining room was filled with dishes - hot and cold - cold meats and other meats, various vegetables, even cheeses - although the Koreans are not very fond of them - and desserts: creams, cakes and other pastries. Also some good wines and soft drinks, usually the preference of the ladies. We did not offer Korean dishes: no kimtchi - cabbage macerated for a long time in a vinegar and garlic preparation - sometimes, however, bulgogui: thin slices of meat - usually beef, marinated - but in fact at our place, the food was more European than Korean. As I had no cooking to do, no dishes to prepare, I could devote myself to what I was going to wear. In general I hesitated; and in front of a full wardrobe, felt that, of course, I had nothing to wear. Rather than a dress, my choice was most often a skirt and a matching blouse. It was elegant without being too elegant, and when the reception took place at our house, I was careful to choose a rather modest outfit.

Boudy, what do you think? The gray or the blue?

The gray one, he said.

I chose the blue.

Why are you asking me if you still choose the other one? he said angrily, and rightly so. It's that, on second thought, I found the other one more adequate, but in general I agreed with his opinion, or didn't ask him.

Dante has an innate sense of color, which I saw in the choice of his ties, or better still in the pictures he happened to paint and I wished he had painted more often.

In Seoul, I noticed how imperceptibly the standing of our acquaintances had risen. When we had arrived we were only included in secretaries' parties who, with their husbands, received us in pleasant but very modest interiors. From then on, we were frequently invited to the salons of ambassadors or ministers.

That's thanks to you, Dante told me.

Thanks to me? It is true that very often I had made up for his lack of conversation. Dante is smarter than me, more quick-witted, but less prepared for life. Raised in a modest background, even poor, and more often complimented than blamed, he developed an egocentrism which made things very difficult for me; so many nights alone, and often also blows. If a slap left a mark on my cheek, I covered it up with makeup; if a kick left a bruise on my leg, I hid it too, but bruises in the soul were harder to erase. And I was asking this question so often asked (by myself or by others, I imagine) in the same circumstances: why? Oh, Dante, why? It didn't solve anything, of course, rather contributing to his aggression because he didn't have an answer. What could we do to bring us closer? Reconcile us? We were so different. I was paying for the attraction I had felt for superficial reasons - his physique - without looking for deeper, more solid reasons. But what compensation too. We lived in a nice house where I didn't have much to do. Miss Yun was tidying our rooms, fluttering a quick feather duster over the woodwork, the seats, brushing away any specks of dust that might be there, making the beds, and if Dante and I were rather inclined to hang our clothes in the wardrobe, these at Frédéric and Adrienne were generally arranged so as to furnish a piece of furniture or the carpet. Yet today, as adults, they both have order in their affairs which, more than a very tolerant upbringing, comes to them perhaps from atavism, or from example, or simply the desire to live in a tidy place rather than in shambles.

In the kitchen, Miss Cho, our cook, was busy in the morning preparing such a menu according to the inspiration of the moment, also according to the products that Mr. Ha, our driver, brought back from the hotel; a list that I never checked and part of which might have fit in his own shopping bag. Miss Cho's menus were not very varied - we often had the same dishes in the same week, but it was very good and it was European cuisine and not oriental dishes, which Dante, the children and I would have enjoyed less. Tastes are formed in the environment of childhood and rarely, I think, do they change much over the years. The Chinese like rice, the Koreans like kimchi, the Italians, spaghetti; and the Swiss? The fondue, for example, with good milk from cows from our good pastures.

As for me, I was exempted from household chores. When later in Switzerland, I admitted that for the four of us - Dante and me and our two children - we had four people working for us, it seemed abusive and very privileged. But in a developing country - a very fast development by the way - it didn't seem too much. Most wealthy families - European, American or Korean - had aid in the same proportions.

During the eight years that we were in Korea, I did not learn Korean, but of what use would this language have been to me in the circumstances that were mine at the time? We were going to leave Korea where I had feared to come, the north, the cold, after South-East Asia, and yet, how much I had loved it, this Land of the Morning Calm.

Where would we go? I wondered about it until the day when, in Huam Dong, I received a phone call from the Chosun. Dante had received an offer for the vice-presidency of a hotel group in Mexico City. So, that would be Mexico. I wasn't sure what to make of it, but I was glad an offer came up - and a prestigious one.

Chapter 14

I have not kept an enthusiastic memory of Mexico. But it must be said that Dante and I were no longer very close to each other; not close at all.

We had rented a villa, not very big, on one floor, but with a very large garden where the dogs Prince, our collie, and Benny, a little pug that I didn't like very much and who one day disappeared, ran around. Dante only came from time to time. He had taken an apartment in the city center I believe, and there was this day when he came back to collect the few things that belonged to him, crossed the garden again and passed through the gate which closed with a dull thud. And there you go. It was finished.

I was left alone with the children, and Tere - for Teresa, I suppose.

A coffee, Senora?

Yes, Tere, thank you.

But she felt that the atmosphere was sad and she wouldn't stay long either. So I started to do the shopping, the cooking, the cleaning, tasks that I hadn't done before, and it was not unpleasant.

Then Dante took the children back. They were happy to live with Daddy who offered them more than I could give them, despite all the love I had for them. So I swallowed a whole tube of sleeping pills, but Dante found me and called a doctor who saved me. It was not my time. Alone, sad, I wasn't going to stay in Mexico. I closed the house, returned the keys and flew to Geneva.

I would have to find a job. I had a translator's certificate, but more useful still, a secretarial diploma. Translate? I could from English, German, Italian, Spanish and Russian, into French, but not the other way around. Or otherwise in a non-idiomatic way, even with mistakes, especially in Russian. A secretarial job?

I have a replacement to offer you, I was told at the placement agency where I had presented myself. Three months.

I was not surprised when I was offered a three-month replacement. Could it be that an incumbent was absent for so long and then recovered the position? I didn't ask myself the question. In fact, it was a trial time. A test. If I gave satisfaction, I would stay and the position would become permanent. Otherwise, the "replacement" would end.

A fax? A telex? I had never used these machines, didn't even know they existed. I envied the other secretaries, who joked, laughed, sure of themselves. With me the tape of the telex became tangled and the text was charged with cabalistic signs; the fax was jamming and I didn't know how to remove the sheet. And then I was so sad. But would these secretaries have been able to do what I had done for my husband, over there, in Hong Kong, in Bangkok, in Seoul, in that Far East of which I must not think about anymore?

I had a nice apartment in Thonex, on the 10th floor of a new building, with a view that on one side extended to the Geneva water jet, and on the other over the Savoie and on a clear day to the snow-capped Mont-Blanc.

A job. What was the name of the firm, did she tell me at the agency? Chino Zells, something like that. I would see the name on a plaque or on a mailbox. Lyon Street. Chinon Sales S.A. 2nd floor.

Mr Frei? At the end of the corridor, to the left.

He was, in a very large office, a small man, energetic, but he didn't give me the impression of being very sure of himself, which was not done to strengthen my own self-confidence.

Ah, Mrs. Naef!

He welcomed me as the Messiah. What was expected of me? I was so little capable, so little confident. I had taken back my maiden name and upon receipt of the new passport, I had shed a tear. Yes, Dante David, it was over. Mrs. David had been there, in another life.

The following days, Mr. Frei dictated to me texts to be sent by fax or telex and like before, the telex ribbon twisted, the fax paper got stuck in the machine, nothing happened as it should have.

What a mess, he said and my spirits, already low, sank a few more degrees.

Soon I had the opportunity to realize the competence of Max Frei. Without the slightest paper, without the slightest reminder, he dictated to two secretaries - a colleague and myself - an interminable text. When one typed, the other took dictation, and vice versa. And Mr. Frei dictated, without ever taking himself back. We were both impressed. The level of skills in Switzerland was really very high.

The firm was not very large; on one floor, had seven or eight offices, occupied by gentlemen - all directors of something: finance, marketing, purchasing - and the secretaries assigned to each of them. The parent company was in London.

And then came that Monday when, at the end of the day, Mr. Frei asked me if I could stay a little longer.

I'm going to the airport to pick up Mr. Horal, he said. I'm going to introduce you anyway, but I don't think it will work.

Me neither. And I waited in this rather pretty office, which overlooked a bit of garden and the plane trees of the Avenue d'Aire. It was the end of the day, the offices had emptied, but it was still light. We no longer heard the noise of the machines: fax, telex, memosphere, which, earlier, punctuated the hours with their clicking or their humming. What was I waiting for? In a day or two, I'll be kindly thanked. But I had nothing to lose. Quite the contrary.

Then I heard the main door open, close, voices along the corridor, and suddenly framed in the doorframe of my office the image of a tall, solid man, who emanated a strength that I hadn't felt for a long time.

Horal, he said, and I felt rising in me something that I had thought dead.

It was Jan, whom I never called by his first name, although we became very close. It seemed inappropriate to me. Sir.

"Good morning, Sir. Yes, Sir. Thank you, Sir. And "Sir" stayed and it was very good; he who so often asked me questions about my life before returning to Switzerland, before the secretariat and the need, the obligation to give satisfaction, this time when I was Madame David before whom people bowed or hastened to respond to the first wish, chose a table in one of the restaurants and pulled out the chair to let me take a seat there, or in front of the main entrance held open the door of the car that Mr. Ha was driving.

It was Leysin first, this first stage towards horizons which were going to widen so much, this mountain hotel where, from the cafeteria I ran to the floors, so young, so inexperienced, but above all, one felt the grip of Dante who was already impressive.

Then the big yellow envelope arrived from the end of the world, containing a new contract and the departure for the Far East, this first departure where the sounds, the colors, the climates, the swarthy skins and the ways of life struck me with all the intensity of novelty.

Hong Kong. On arrival in what was still a British colony and despite the late hour, while at home everything died out, life there never stopped and the active, noisy, brilliant city vibrated at all hours, at night like in broad daylight. With the return by the East, we completed a first round the world trip. How wise, orderly, too calm, Switzerland and northern Italy seemed to me, and how the East, the Far East, already exerted this irresistible attraction. What happiness then to experience the return to Asia, to see again in Hong Kong the incessant traffic of Nathan Road, also the samlors, the hap sung, and on the arm of the sea which connects Kowloon to the island, the junks and the Sampans. Higher too, on the "Peak" hill, the panoramic path which can be circumnavigated in thirty minutes, where the air is cooler and from where the view extends over the sea and the city. How much I missed this Far East the first days of our life on the Italian Riviera which, however, after a month or two, I already liked: the small town, full of charm, the seaside, the beauty of the hotel too, which Dante managed very well. Frédéric adapted to his new school in record time, as well as to the mentality of the place, to the language, and began to speak an Italian more idiomatic than mine. He knew the footballers of the "squadra azzurra" and taught me the names of the teams and the players. We played ball ourselves and I tried to shoot, stop and return the ball, all under the watchful eye of Grizou, the teddy bear.

Did I know then that we would return there, to this Asia that I missed? Yes, in Thailand first, then further north, in this country that is said to be that of the Morning Calm, in this Korea that I loved so much, where we would spend eight years. And today, rich in a thousand images, sounds, colors, of scents that would have filled several lives, in my beautiful American interior, I see again and live again the impressions of that time.

In the office, I introduced myself, bowing a little. He scanned me from head to toe and back and I held the examination with a half-smile. "Interesting". He was going to say "interesting".

He took a step towards his desk, then stopped, looked at me. "Interesting" he said, and he left.

The following days, he called me, dictated letters to me, slowly, but gradually picking up the pace. I was grateful to him for this progression which took into account my lack of experience. And a few days later:

Come on, I'm taking you for lunch.

He invited me for lunch; me, who had always been excluded!

During the meal, he asked me questions about my life before the office and I talked about Hong Kong, Bangkok, Seoul.

In Tokyo, we stayed at the Okura hotel.

Yes, that's where I get off too. A nice hotel.

Then he asked me:

What were the causes of your divorce?

Oh, we were too different. He came from a small village in northern Italy, I from a town in Switzerland. Our studies, too; our families; everything was different. But we had good years; and beautiful children. And he was a handsome man; that's what attracted me. An interesting life too; Dante, a hotelier, manager of large establishments, first in Southeast Asia - Hong Kong, Bangkok - then in the Northeast - Seoul, in Korea. South Korea, fortunately. The North one is not very tempting, and I am not thinking only of the climate, but above all of the political regime.

From then on it was office life, eight hours a day. Oh, it wasn't bad, but you had to get used to it: fax, telex, memosphere. I learned. And my shorthand: so slow at first. I had made friends with one or the other of the colleagues, one of those fleeting, superficial friendships of colleagues with whom I have since lost touch. And then there was Jan. Mr. Horal, to whom I owe so much. He gave me back my optimism, my confidence, pulled me out of the abyss into which I was sinking. I was entitled to five weeks of vacation per year. It's a lot. I divided them two, two and one. And I traveled, in Asia, of course. I was in Nepal, tasted butter tea and camel steaks, not much different from our veal cutlets. In Kathmandu, as in India, I admired the saris, those shimmering silks with which the Nepalese wrap their waists and let them float to the ground, and the little matching bolero. In the stalls, along these winding alleys, I saw again the big jute bags that adorn the entrance, I breathed in the perfume of spices, these scents of the Orient, and I heard the hammering of the wood craftsman who, seated on his stepladder, shaped the large copper, bronze or pewter trays.

But it was only a brief period, a week or two. My life now was in Geneva, a beautiful city at the end of the lake, clean, organized, where everything works and from then on, each time I returned from a trip, I really appreciated living in a country where the standard of living is high: no beggars in the streets, no sick or crippled people hoping for a few pennies in their begging bowl, no people in rags, and no more of this crushing heat which takes away all your energy, nor of this dust which each vehicle raises at its passage. However, and despite all the comfort that this return brought me, I sometimes regretted the exoticism that I had just experienced, still so close in my memory. It was the end of an adventure, to be relived only in thought.

And how many times in thought have I returned to that poor, dirty, miserable – and marvelous – East. Rich in a thousand scents, a thousand flavors, a thousand colors, rich in sound and light, rich in all the miseries of the world and all the splendors of the world, this Orient which escapes you, seizes you, invades you, takes you kindly by the hand. and doesn't let go.

How many times in thought have I returned there, to this south-eastern Asia, to this parcel of the Far East, to this Orient that I have known.

ABOUT THE AUTHOR

Marianne Naef von Spiegelberg was born in Zurich, Switzerland in 1938, and grew up in La Tour-de-Peilz on the shores of the Lake Leman. When her father was offered the position of Managing Director of the firm Hispano-Suiza in Geneva, the whole family relocated at the other end of Lake Leman.

In 1961, while vacationing in Spain, she met her future husband, Mr. Dante David, originally from Valle d'Aosta in Italy. As he was beginning his career in the hotel industry, this is where their adventures in the Far East began. However, after their divorce in Mexico City, Mexico Ms. Naef returned to Switzerland where she worked in the camera production business for many years. During this time, she wrote a collection of poems entitled *To Lost Time*. Ms. Naef is currently retired and lives with her son and his family in South Carolina, USA.